Biblioteca pesimista

Voltaire y Rousseau

Sobre el mal, la providencia y el optimismo

Introducción y traducción
Adán Núñez Luna

Prólogo
Fernando Burgos

Biblioteca pesimista

sequitur

sequitur [sic: *sékwitur*]:
Tercera persona del presente indicativo del verbo latino *sequor*:
procede, prosigue, resulta, sigue.
Inferencia que se deduce de las premisas:
secuencia conforme, movimiento acorde, dinámica en cauce.

Diseño cubierta: Inda Anaiis Navarrete Durán

© de la Introducción y traducción,
Adán Núñez Luna

© Ediciones sequitur, Madrid, 2024

www.sequitur.es

ISBN: 978-84-128025-4-2

Impreso en México

# ÍNDICE

PRÓLOGO
*Fernando Burgos*          7

INTRODUCCIÓN
*Adán Núñez Luna*          21

POEMA SOBRE EL DESASTRE DE LISBOA
*Voltaire*          41

CARTA SOBRE LA PROVIDENCIA
*Jean-Jacques Rousseau*          57

Notas          85
Bibliografía          103

# Prólogo
## VOLTAIRE Y ROUSSEAU,
### O EL PROBLEMA DEL MAL FÍSICO Y EL MAL MORAL

*Fernando Burgos*

El 1 de noviembre de 1755 un terremoto sacudió la capital de Portugal, Lisboa, extendiéndose a Cádiz y Sevilla. Las cifras no son exactas, pero se estima que murieron alrededor de sesenta mil y cien mil personas. Europa recibió las noticias tres semanas después, y prontamente la discusión sobre este hecho afloró entre los intelectuales. Voltaire (1694-1778) fue uno de los que se vio consternado ante tal suceso. En su correspondencia fechada hacia fines de noviembre de ese mismo año escribe lo atónito que se encuentra: "Señor, he ahí una física muy cruel. Se estará muy preocupado en adivinar cómo las leyes del movimiento producen desastres tan espantosos en el mejor de los mundos posibles" (24 de nov.). "He aquí la triste confirmación del desastre de Lisboa y de otras veinte ciudades. Esto sí que es serio. Si Pope hubiera estado en Lisboa, ¿se habría atrevido a decir: *Todo está bien*?" (28 de nov.). "La ciudad de

Lisboa engullida por un terremoto de tierra, cien mil almas enterradas bajo las ruinas: Sevilla dañada, Cádiz, sumergida durante algunos minutos por el mismo temblor: he aquí un terrible argumento contra el *optimismo*" (30 de nov.).

La Europa de aquella época llevaba medio siglo discutiendo las filosofías de Gottfried Leibniz (1646-1716) y William King (1650-1729) sobre por qué vivimos en el mejor de los mundos posibles y por qué el mal físico se puede justificar desde una óptica optimista. Bestsellers como el poema, *Ensayo sobre el hombre* (1733-34), de Alexander Pope (1688-1744), contribuyeron a que el "todo está bien", influenciado por el optimismo, alcanzara una popularidad sin igual. Sin duda, Voltaire, se siente incómodo al seguir difundiendo una doctrina así, porque mientras muchos están padeciendo un sufrimiento real, otros intentan justificarlo con entresijos metafísicos para minimizarlo. Por ello, el filósofo critica a Pope y al optimismo metafísico, llegando a la conclusión de que en "un sentido absoluto y sin la esperanza de un porvenir, [esta doctrina] no es más que un insulto a los dolores de nuestra vida".

La discusión sobre el todo está bien y el optimismo alcanzan su punto culminante hacia 1755, pues el terremoto de Lisboa y Voltaire terminan por trastocar su ala (2 de dic. 1755) –mas no su muerte. Como señala Alicia Villar en su introducción a *Voltaire y Rousseau. En torno al mal y la des-*

*dicha*: "Así, el desastre de Lisboa se convierte en un argumento decisivo contra el optimismo racionalista, del que ahora [Voltaire] se encuentra tan lejos, y al que califica de doctrina ridícula y cruel" (62). La obra que trastocará los cimientos del optimismo será un poema apabullante titulado, *Poema sobre el desastre de Lisboa o Examen de este axioma*: "Todo está bien". Este poema sale impreso sin autorización del autor a principios de enero de 1756 bajo el seudónimo de R. P. Liébaut. Cuando se comienza a señalar al verdadero autor intelectual, en un primer momento lo niega:

Los versos que estúpidamente se me atribuyen sobre el desastre de Lisboa, ciertamente no son míos; si los hubiera compuesto, serían respetuosos hacia la Divinidad y llenos de sentimiento ante la desdicha de los hombres. Sólo los jóvenes locos pueden pensar de otro modo. (1 de feb. 1756)

Después lo acepta, "corrige" el poema, y además adiciona unas notas y un poema más, escrito en 1752, titulado *Sobre la ley natural*. El libro editado con ambos poemas lo envía a sus conocidos, y entre ellos se encuentra Jean-Jaques Rousseau (1712-1778). No sabemos las razones por las que publicó ambos poemas, pues a juicio de Rousseau la providencia quedaba mal parada en el primero, aunque las razones pueden ser obvias: señalar una ambigüedad para no caer en una visión fatalista del mundo.

El ginebrino le dirige una carta titulada *Carta sobre la providencia* que no envía de manera directa a Voltaire, sino a través de su amigo, Teodoro Tronchin. Está molesto por las consecuencias fatalistas de su poema, porque, "usted mismo amplifica de tal modo el repertorio de nuestras miserias que termina agravando el malestar", y señala que esta visión "es accidental, y no es más que un paréntesis en la continuidad de la obra del maestro" (Villar, 73). La preocupación del ginebrino es moral, puesto que le parece cruel que en su visión fatalista no exista ningún tipo de consuelo, sino desesperación. Por tal motivo, le parece que ese optimismo que ataca, al menos ofrece un consuelo: "Este optimismo, que considera tan cruel, me consuela de los mismos dolores que usted me presenta como insoportables". Rousseau intenta justificar que la mayoría del mal proviene del ser humano y con ello excluye la imposición del mal físico injustificado: "la naturaleza me lo confirma día con día, que una muerte prematura no es siempre un mal real, y que algunas veces ella puede considerarse incluso como un bien relativo". Desde la perspectiva del ginebrino el mal físico se minoriza e impone el mal moral. Además, en un segundo momento, la providencia, o más bien, visto todo desde el todo, nos hace pensar en que todo está regulado de tal manera que "todo está bien en orden al todo". Si hay mal este siempre surge o para evitar un mal mayor o porque frente al todo, es necesario, incluyendo el mal físico:

> Para justipreciar este punto, parece que las cosas deberían ser consideradas relativamente en el orden físico, y absolutamente en el orden moral, de suerte que la más grande idea que yo pueda hacerme de la providencia sea que cada ser material está dispuesto lo mejor posible en relación con el todo, y que cada ser inteligente y sentible esté lo mejor posible en relación consigo mismo.

Voltaire, enfermo por aquel entonces, no responde a su carta. Al parecer no se tomó en serio su respuesta, pues en las cartas de aquella época, sus diatribas se siguen dirigiendo al "todo está bien", e impone el mal físico sobre el mal moral, dejando sin justificación una parte de sufrimiento que experimentamos. Definimos estas dos posturas de la siguiente manera. Voltaire impone el mal físico por encima del mal moral sin alguna presencia armónica que regule la totalidad, y Rousseau impone la mayoría el mal físico como consecuencia del moral, y agrega una óptica optimista para defender la postura de Pope y Leibniz. Ambas posturas, que después se llamarán, optimista y pesimista, tienen un origen, no surgieron de la nada, y estas se encuentran en los albores de la modernidad. Al ser deudores de una tradición y problemas filosóficos muy específicos debemos conocer sus fuentes para comprenderlos mejor.

***

Nicolas Malebranche (1638-1715) encausa el problema del mal de una manera muy particular al de sus predecesores. El pensador sitúa el mal moral de San Agustín en el *malum culpae* y el mal físico en el *malum poenae*. Por un lado, tenemos las acciones morales que el ser humano elige y por otro los resultados físicos de estas acciones. Uno da paso al otro, y al final todo mal termina por recaer en el orden moral. Pierre Bayle (1647-1706) retoma estas categorías de Malebranche, solo que con la diferencia de que, para este filósofo, el mal moral constituye el pecado o el crimen, mas el físico es la experiencia del mal, ya sea causado externamente o no. No engloba al mal únicamente en el mal de castigo. Por ello, el mal experimentado que se da en el mal físico propuesto por Bayle en su *Diccionario histórico y crítico* (1709), provocó un interés y reacción en los filósofos posteriores. Por ejemplo, entre estos críticos se encontró Leibniz, quien usó esas dos categorías y añadió el "mal metafísico" para justificar el mal físico como una imperfección. William King, que por aquellos años era un filósofo muy leído, unos años antes utilizó el término, "mal de imperfección". Con ello, ambos pretendieron dar solución al problema del mal físico, bajo esto que llamamos la óptica del optimismo, con la finalidad de minimizarlo, y por qué no, de excluirlo. En este sentido, si alguien nace deforme es porque no le llegó la perfección, pero visto desde la totalidad, su mal es tan necesario para la armonía del todo. Bayle no aceptaría esta tercera categoría, porque estos males no tienen ninguna justificación moral ni providencial, y deja una puerta abierta para los seguidores de sus ideas.

Pierre Bayle es una figura clave para las disputas posteriores a los grandes sistemas filosóficos de Leibniz y King. Su *Diccionario histórico y crítico* es un entramado de entradas y problemas que fue la comidilla de los filósofos venideros. Voltaire dice al respecto que "(…) Bayle, el más grande dialéctico que jamás haya escrito, no hace nada más que enseñar a dudar, y que se combate a sí mismo; admite que hay tanta precariedad en la inteligencia del hombre como miserias en su vida. Expone todos los sistemas en unas pocas palabras". En este sentido, Bayle es de todos y no es de nadie para los filósofos de la modernidad.

Voltaire está consciente de su deuda con él, y como acérrimo lector, encontramos que ahora, tras soportar cincuenta años la justificación del mal metafísico, debe combatirlo enérgicamente, poniendo el otro lado de la balanza recurriendo a Bayle desde su postura sobre el mal físico. Debe optar por un fatalismo que priorice el mal físico sobre el moral y la teodicea, aunque si bien, tampoco es que Voltaire termine por desarrollar un sistema de lo peor. En el *Poema*, las notas aclaratorias referencian la importancia de este pensador para su obra. Es ahí, de donde explota la veta pesimista bayleana, y comienza a trazar una serie de consecuencias que se terminarán por reflejar en una visión del mundo trágica, que conducirían a resoluciones pesimistas. Si el mal físico no está justificado y todos estamos sometidos al azar del mundo sufriente, para qué seguir existiendo, pues lo mejor sería preferir la nada:

> este mundo, este teatro de orgullo y de error,
> está lleno de infortunados que hablan de felicidad.
> Todos se lamentan, todos gimen buscando bienestar,
> nadie quisiera morir, nadie quisiera renacer.

En estos años no existía un concepto que englobara esta visión fatalista del mundo. En una carta fechada el 2 de noviembre de 1756 escribe a uno de sus amigos que debería ser partidario del "peorismo" (*pejorismo*), un término que está formado a partir del comparativo *peior*. Aunque si bien, el autor del *Cándido* no lo usó, sí intentó buscar un concepto a esa cosmovisión. Sin embargo, el término optimismo 'optimisme' ya había sido definido en 1737 en el *Journal de Trévoux* para englobar la doctrina de los optimistas y sobre todo la de Leibniz y Pope. Por lo que en un primer momento se le da un sentido peyorativo. Por tal razón, es en este sentido en que Voltaire hace uso del término. Podemos afirmar que tal y como emplea el término el ginebrino en su *Carta*, hace que sea uno de los primeros pensadores en desprenderlo de dicha aura peyorativa y lo toma en un sentido serio. Señala al respecto Mara van der Lught en *Dark Matters*:

> Rousseau sólo utiliza el primero, pero lo hace de una manera tan directa y segura que es muy posible que sea uno de los primeros autores en utilizar el término optimismo de forma positiva y apreciativa, despojándolo de su aura peyorativa. (232)

Y justamente Rousseau toma el *peorismo* de Voltaire en un sentido negativo por sus consecuencias morales para el ser humano. El *Poema*, y posteriormente el *Cándido*, harán que su obra sea clasificada como pesimista. El término verá la luz hacia 1759 en *L'Observateur Littéraire* y se definirá de la siguiente manera: "disposición del espíritu para ver el lado malo de las cosas, para estar persuadido de que ellas saldrán mal: El sistema que parece resultar de esto es el pesimismo; sistema peligroso en todas partes salvo en una novela" (126). Será hasta cien años después, con la *Filosofía del inconsciente* (1869) de Eduard von Hartmann, que el pesimismo se despojará completamente de esa carga peyorativa y se tomará en un sentido serio.

Con ello, podemos concluir que ambos pensadores pertenecen a una tradición de problemas para abordar el mal muy definida que encuentra sus orígenes en Malebranche, y sobre todo en Bayle, King y Leibniz. Dónde sitúe cada pensador (Voltaire y Rousseau) el problema del mal, es donde se irán trazando los problemas y sus respuestas, que o bien, serán respuestas óptimas o pésimas para abordar en dónde radica el mal que existe en el mundo. De estas respuestas se puede justificar si hay más bien o si hay más mal, si vale la pena vivir, si existe una providencia o no, si estamos aquí para ser felices… en pocas palabras, los problemas que abordarán el optimismo y el pesimismo del siglo XVIII y XIX.

***

Aquí solo encomiamos el *Poema* y la *Carta*, mas no a todo el conjunto ni todos los temas y consecuencias de la obra de Voltaire y Rousseau. Solamente nos enfocamos en el problema del mal físico y moral para ir trazando una disputa que proviene de San Agustín, se pule con Malebranche, se problematiza con Bayle y se discute Leibniz, King, y un largo etcétera de intelectuales.

Por ello, no confundamos lo que Voltaire quiere decir en el *Poema* y en el *Cándido*, puesto que, esta última obra guarda ciertos matices que no se inclinan ni por el optimismo ni el pesimismo. De ahí que la posición de Voltaire en su novela no sea muy clara. En cambio, con Rousseau, podemos encontrar la idea de providencia a lo largo en el *Discurso sobre el origen de la desigualdad*, en la *Carta* y en el *Emilio*. De acuerdo a Mara van der Lugt, se puede hacer una propuesta sistemática de la providencia y de su optimismo (cap. 6), por lo que el breve espacio no permite un análisis riguroso del optimismo de Rousseau, ni del pesimismo de Voltaire.

El optimismo de corte metafísico vendrá en picada tras Voltaire, mas eso no significará su muerte. Al contrario, buscará otras formas de renovarse mediante un optimismo cultural. En *Idea para una historia universal en clave cosmopolita* (Kant, 1784) ya están las bases para el desarrollo posterior de este optimismo. Ahora es el reino de los fines y se debe luchar por alcanzar el cosmopolitismo. Por ello, *se excluirá el mal físico y se impondrá el mal moral, ya que solo a través de este puede mejorar la especie humana para sufrir lo menos posible.* Que no nos sorprenda que a fines y principios del siglo XVIII y XIX, las filosofías de Hegel, Fichte o Marx están lideradas por el mal moral y su progresivo despliegue hacia una completa erradicación de los males humanos. La caída de estos sistemas comenzará en 1852, con la recepción de *El mundo como voluntad y representación* de Arthur Schopenhauer, y con ello, se abrirá el tercer movimiento del pesimismo, que, por primera vez, adquirirá el carácter de sistema filosófico y se presentará como pesimismo metafísico. *Se justificará el (in)fundamento del mal físico y se impondrá sobre el mal moral.*

Nuevamente las críticas no se harán esperar, y, como siempre, se señalarán duramente las consecuencias nocivas del pesimismo para el ser humano. Es hasta Eduard von Hartmann, que el cuarto movimiento comenzará. Esta vez, ya no de manera aislada, sino en conjunto: el pesimismo se volverá optimista o el optimismo se volverá pesimista. *El mal moral se puede solucionar, pero hay un mal físico que no. Es preferible el no ser, pero ahora no… ahora debe solucionarse el mundo de los seres humanos para que después se deje de ser.* Una nueva forma de pensar el problema del mal comenzado por Bayle, se abrirá. Un sinfín de problemas volverán a surgir, y el siglo XX y XXI, en nada están tan alejados de los mismos problemas, pues incluso, en la vida cotidiana, los sufrimientos externos, cuando ocurren, no hacen más que ejercer la preocupación y reflexión de por qué nos tocó a nosotros y no a otros que hacen más mal que bien.

Seguimos en la espiral de Bayle.

***

En este séptimo número de la Biblioteca pesimista se publica el *Poema de Lisboa* con las anotaciones que hizo Voltaire, y se anexa la *Carta* que escribió Rousseau como respuesta. Adán Núñez Luna, traduce e introduce este libro. Agradezco su disposición y el cariño con el que ha traducido estas obras.

La catedral de Lisboa
después del terremoto del 1º de noviembbe de 1755

# Introducción

## Voltaire, Rousseau y la *querelle* acerca del optimismo

*Adán Núñez Luna*

Las dos piezas que conforman este pequeño texto que el lector tiene en sus manos –el *Poema sobre el desastre de Lisboa* de Voltaire y la así llamada *Carta sobre la Providencia* de Rousseau– no son otra cosa sino una instantánea en la que está capturado un momento muy significativo de la historia de la filosofía, en general, y de la controversia en torno al optimismo, en particular. A través de ellas el ojo observador podrá contemplar un pizco de las entreveradas disputas que en torno al problema del mal y la providencia se produjeron durante el siglo XVIII.

Ciertamente, es en la centuria siguiente, cobijada bajo el alud de Schopenhauer, cuando aparecen, sobre todo en Alemania, los pensadores más representativos del pesimismo filosófico: Eduard von Hartmann (1842-1906), Philipp Mainländer (1841-1876), Julius Bahnsen (1830-1881), etcétera.[1] Sin embargo, resulta impensable querer comprender a cabalidad la génesis y el desarrollo de la filosofía

21

pesimista partiendo de dicha época, o manteniéndose en ella. Es más, hasta el mero hecho de *privilegiar* ese periodo histórico a cualquier otro tiene ya algo de sospechoso. Primero, porque esa preferencia parecería presuponer una asunción: la asunción de que es en las discusiones alemanas de la segunda mitad del siglo XIX donde se expresa con mayor claridad el espíritu del pesimismo; luego, porque al establecer dicho horizonte temporal como eje directriz del asunto se tienden a considerar los horizontes anteriores o posteriores como "preámbulos" o "derivaciones" del mismo. Tomadas en serio, estas consideraciones nos introducirían de lleno en problemáticas hermenéuticas de largo aliento; sobre todo nos conducirían a preguntarnos acerca de los modos en que consideramos la "historia del pesimismo" o inclusive el propio "pesimismo", con sus respectivos momentos de importancia y culminación, de autores relevantes o secundarios. Todavía más: la misma noción de "Biblioteca pesimista" –nombre de la colección a la que pertenece el presente escrito– nos obligaría reconsiderar continuamente quién sí, y quién no, es apto para entrar en ella, y *por qué*, y con base en qué criterios, etcétera.

No es mi propósito responder a tales cuestionamientos. Lo que busco con estas puntualizaciones es destacar que las discusiones filosóficas que no surgen ni en la segunda mitad del siglo XIX ni dentro del radio correspondiente al territorio alemán, también tienen una importancia, no mayor ni menor, sino equivalente, a la hora de querer comprender qué es eso del pesimismo. Si esto es así, entonces no deben estudiarse a la ligera.

Especialmente, quiero referirme en esta ocasión al periodo de *Les Lumières*. Lo escribo en francés porque es justamente de franceses de quienes tratan estas páginas. No es un periodo histórico menor. Tampoco es una geografía y una lengua que deba menospreciar el interesado en las cuestiones acerca del pesimismo. El solo nombre de Voltaire (1694-1778) lo eleva a la categoría de parada imprescindible. Pero la historia del pensamiento francés, tanto en el siglo XVIII como en la centuria inmediatamente anterior, tiene otros nombres que directa o indirectamente contribuirán con el tiempo a la *querelle optimisme-pessimisme*: Blaise Pascal (1623-1662), Pierre Bayle (1647-1706), Nicolas Malebranche (1638-1715) Vauvenarges (1715-1747) y Jean-Jacques Rousseau (1712-1778) –por no incluir entre ellos a Leibniz, que nació en Leipzig, pero cuya obra capital, de la que hablaré enseguida, está escrita en francés.[2]

El punto axial desde el cual ha de comprenderse la mentada *querelle* lo hallamos en una obra polémica del ya mencionado Gottfried Wilhelm Leibniz (1646-1716): los *Ensayos de teodicea sobre la bondad de Dios, la libertad del hombre y el origen del mal* (1710). Es verdad que, a ojos de Voltaire o Schopenhauer, ese libro aparece más bien como un armatoste ridículo y absurdo, porque se afana en querer sostener lo insostenible y en argumentar a favor de una cosmovisión que resulta contraintuitiva, a saber, que este es el mejor de los mundos posibles. Para llevar a cabo esa tarea, su autor se sirve de una jerga especiosa en sutilezas lógicas que se van mezclando con conceptos metafísicos y con presupuestos teológicos hasta formar un sistema explicativo más o menos convincente, si se le mira desde dentro y se aceptan sus premisas fundamentales, pero inverosímil si se le mira desde fuera. Situándose en esta última miranda, Voltaire hace mofa del lenguaje leibniziano y Schopenhauer dice que el único mérito de su libro es haber dado el motivo para la creación del *Cándido*.

Sin lugar a dudas, a la *Teodicea* la guía un objetivo pretencioso: la voluntad de querer explicar las razones de por qué Dios hace lo que hace y de por qué es óptimo lo que hace. El solo hecho de querer emprender esa hazaña especulativa sería, para más de un observador, algo no solo temerario, sino blasfemo. Imagino que un espíritu como el de Lutero hubiera condenado esa tentativa, así como lo llega a hacer Kant, con un temple más crítico, en su escrito titulado *Sobre el fracaso de todos los ensayos filosóficos en la teodicea* (1791).

No obstante, en favor de Leibniz sería justo indicar que, desde las primeras páginas de la *Teodicea*, hay un ingente esfuerzo por afrontar *racionalmente* los desafíos que instituye el problema del mal, considerando no solamente las cuestiones del esclarecimiento propiamente metafísico de ciertos conceptos y principios, sino también tomando en cuenta las posibles repercusiones morales que tendría el dejar de creer en la bondad de Dios, o bien en creer en un Dios cuyo concurso en la experiencia del mal fuese positivo y constante.

Sea como sea, el hado condena a Leibniz a una cruel paradoja: al efectuar la defensa de la justicia divina y de la optimidad del mundo, el filósofo de Leipzig también desencadena las potencias que conducirán luego al desastre de su empresa. Ciertamente, para que esto suceda, para que la defensa del "mejor de los mundos posibles" salte en mil pedazos, se necesita de un detonante particular, una especie de "chispa adecuada", para utilizar el título de una conocida canción de los Héroes del Silencio. Y la chispa llega de Francia con un nombre que bien podría ser el de una marca de dinamita: se hace llamar Voltaire y a fuerza de varios escritos, todos ellos mordicantes, hace arder la teodicea con tanta lumbre como la que se tragó a Pompeya.

Así pues, cabe imaginarse el drama de los *Ensayos de teodicea* a la manera de esos mitos que narran cómo un soberano que parecía todopoderoso encuentra en la prole salida de su propia sangre a un nieto parricida. En efecto, el niño que late dentro del libro de Leibniz no es solamente la teodicea como tal, sino también la *métaphysico-théologo-cosmolonigologie* de Pangloss, ese personaje que no es sino el *alter ego* de Leibniz después de haber sido pasado por la cámara de incineración de las *sales* voltairianas.

Tanto el *Poema sobre el desastre de Lisboa* de Voltaire como la *Carta sobre la Providencia* de Rousseau deben justipreciarse a la luz de las temáticas que se desprenden de ese contexto teodiceico, aunque no son reductibles a él. Tienen su propia autonomía y presuponen actitudes inéditas. Me atrevería a afirmar que abren un camino sobre el que caminamos todavía. Además, si bien el fantasma de Leibniz está presente en la discusión que se genera entre esos dos pensadores, no cabe duda de que ambos avanzan un paso más en las disquisiciones acerca del problema del mal. Sus perspectivas ya no son la de un filósofo que se sirve de la lógica y del principio de conveniencia para explicar el sentido del mal en el mundo, sino que se entregan a la queja y a las dudas de un escepticismo colindante con la desesperación, en el caso de Voltaire, o a una visión que saca a Dios de la jugada y hace recaer toda la responsabilidad sobre el actuar de los hombres, en el caso de Rousseau. Tanto uno como otro encarnan momentos claves del proceso de secularización que va a transformar radicalmente el problema del mal de allí en adelante.

Lo más digno de destacar es que el nuevo aire que adopta la discusión acerca del mal en Voltaire y Rousseau recibe su fuerza del escandaloso terremoto de Lisboa acaecido el 1 de noviembre de 1755. El evento sirvió para volver a poner como centro de las disquisiciones filosóficas las preguntas en torno al origen y el sentido del mal, a la ausencia o presencia de Dios, a la responsabilidad o inocencia del ser humano, etcétera. Jean-Pierre Dupuy ha indicado los paralelismos que hay entre las reacciones que se dieron ante dicho desastre de 1755 y las que aparecieron cuando se produjo el tsunami de Sumatra, acaecido el 26 de diciembre de 2004.[3] No cabe duda, pues, de que estamos ante textos de una notoria vigencia.

Dejando por un momento de lado las teorías, si uno reflexiona en la experiencia fenomenológica que se da cuando se entra en contacto con un temblor, notará que se trata, en efecto, de algo *impactante*. En primer lugar, es *sorpresivo* y no da tiempo para ponerse en guardia frente a él. En segundo lugar, es *abarcador*, pues afecta todo el medio circundante en torno al cual uno se encuentra. En tercer lugar, desequilibra tanto sensorial como psíquicamente, porque provoca mareos y hace surgir sentimientos de miedo y de pánico. Que es destructivo no hace falta ni siquiera mencionarlo. Por ésas y otras razones la imagen del terremoto ha sido desde tiempos inmemoriales una de las máscaras privilegiadas del mal, de la catástrofe, del infortunio. No es, pues, una casualidad que un terremoto tan destructivo como el de 1755 haya calado tanto en la *querelle* en torno al optimismo.

A este respecto, quisiera traer a la memoria un hermoso aforismo de Cioran. Cuenta el filósofo rumano que un día había leído en la autobiografía de Suso cómo este místico renano del siglo XIV se había grabado en el pecho el nombre de Jesús con un cuchillo y que, después, él podía ver rayos de luz emanando dentro del fondo de sus cicatrices. Es una de las típicas anécdotas que a Cioran le encantaban; por eso comenta: *"Que pourrais-je écrire sur mon cœur, sinon infortune?"*.[4] La fantasía que él sugiere es bellísima: al escribir la palabra infortunio en su corazón confiesa que es precisamente eso lo que más lo define indeleblemente. Cioran, *el infortunado*… ¿No puede ser ese epíteto extensible a otros individuos? Por lo menos yo me serviré de esa idea para sugerir ahora que el pesimista es también una persona que bajo su pecho lleva grabada, y al rojo vivo, la palabra *infortunio*.

Volviendo al tema del terremoto, y considerando lo que acabo de decir, yo pensaría entonces que cada pesimista lleva un 1º de noviembre de 1755 en lo más hondo de su corazón. Puede no ser precisamente el recuerdo de un desastre natural; puede ser, en cambio, un amor fallido, un trauma infantil, una desilusión de dimensiones telúricas. En una palabra: es la experiencia de un mal que ha terminado por adquirir la forma de una *catástrofe existencial*, después de la cual ya nada ha podido seguir siendo lo mismo. Pienso que si alguien inventara una especie de máquina de rayos X que, en lugar de permitirnos ver la osamenta de un cuerpo, nos pudiera dar la imagen que fuese capaz de representar las intuiciones capitales que han dado origen a una filosofía, al pasar por sus láseres las páginas de Voltaire, Schopenhauer o Cioran se mostraría en el monitor un paisaje de ruinas y desolación, no sé si más parecido a los cuadros apocalípticos de John Martin, o a las fotografías del terremoto de 1985 en México, o al triste panorama de un día como cualquiera en lugar como cualquiera –la catástrofe *par excellence*.

El *Poema sobre el desastre de Lisboa* y la *Carta sobre la Providencia* son una puerta para adentrarse en estas catástrofes naturales y espirituales, así como en las explicaciones que buscan darles un sentido.

Únicamente quisiera ofrecerle al lector unas cuentas palabras más, no tanto acerca de los contenidos y las ideas que anidan en los textos,[5] sino más bien sobre aspectos estilísticos y literarios que espero que puedan llegar a ser apreciados.

*POEMA SOBRE EL DESASTRE DE LISBOA.*

Lo primero que mencionaré acerca del *Poema sobre el desastre de Lisboa* de Voltaire es precisamente eso, que es un *poema*. Este dato no debe tomarse a la ligera ni menospreciársele por ser perogrullesco. Muy sabio es el hombre que llega darse cuenta de que hasta las más visibles perogrulladas son, en el fondo, nudos gordianos.

Y el nudo gordiano que pone en nuestras manos el poema de Voltaire se puede rotular fácilmente en seis palabras: el *reto de pensar un poema*. Lo llamo *reto* porque no es una actividad fácilmente realizable. Exige un esfuerzo y hasta el empleo de cierta *maña*. Cada labor requiere la suya propia: ya sea el cargar un bulto de cemento, el tocar una guitarra, el cocinar un estofado, etcétera. También analizar un poema requiere una maña a la que no necesariamente está acostumbrado el filósofo, personaje versado en la historia y las problemáticas de la filosofía, no siendo éstas las mismas que las de la literatura.

Digo esto no solo porque el texto de Voltaire es un poema, sino porque Voltaire mismo en su época alcanzó la gloria, no como filósofo, sino como *poeta*, y lo consiguió a una edad temprana, apenas estrenada su primera tragedia, el *Edipo*. Por supuesto, para lectores contemporáneos, el patriarca de Ferney es, ante todo, el autor del *Cándido* y de otras narraciones que más o menos se leen y que casi siempre se menosprecian por no tener presuntamente la altura de un sistema filosófico como el de Locke o Kant.

Además de ello, el *Poema sobre el desastre de Lisboa* pertenece al ámbito de la tradición poética del siglo XVIII. Entre los estudiosos de la literatura francesa es bien conocido el juicio de Lanson respecto de que lo que existió en esa centuria fue "*la poésie sans poésie*".[6] Con ello se quiere dar a entender que la poesía dieciochesca frecuentemente era más la exposición de una tesis que verdadera inspiración poética. El lector encontrará en el poema de Voltaire ciertamente ese "vicio" (¿vicio?), pues al fin y al cabo él mismo lo llama "poema-examen": la Musa que lo inspira no revolotea cual mariposa, sino que está ensimismada como *El pensador* de Rodin, intentando encontrarle sentido al fenómeno del mal en el mundo.

Considerando, por tanto, que el *Poema sobre el desastre de Lisboa* dialoga con una tradición literaria específica que tiene como antecedentes inmediatos la poesía del clasicismo francés, pero también la poesía clásica de inspiración horaciana o, en el caso de Voltaire, lucreciana, el lector tendrá que hacer un esfuerzo para intentar apreciar, no solo las ideas filosóficas, sino también los recursos poéticos del lenguaje: el conjunto de metáforas, alegorías, sinécdoques, reiteraciones, símiles, sinonimias, etcétera. He aquí justamente la maña que reclama un poema para ser comprendido: saber escuchar las voces que gobiernan un verso. Un verso puede ser una queja, una maldición, un encomio; sugiere en lugar de postular; manifiesta algo en vez de comprobarlo. Leibniz podrá haberse servido de la lógica para defender la idea del mejor de los mundos posibles, Voltaire, en cambio, ha preferido la poesía para hacerle justicia al grito de indignación. El contraste es claro: ¿el silogismo o la lamentación? Un filósofo digno de tal nombre puede sentir preferencias por uno u otro, pero no puede permitirse menospreciar al otro por no ajustarse a sus preferencias.

Por otra parte, es interesante notar que Voltaire no es el único pensador vinculado al pesimismo que se sirve de la poesía para expresar su sentir. También Schopenhauer y Mainländer escribieron poemas, aunque de dudosa calidad. A decir verdad, sus versos no resisten ni un segundo una comparación con los de Voltaire, ni en profundidad, ni en perfección artística, ni en elocuencia, ni en imaginación poética. El contraste que hay entre el Partenón y un cascajal, ése es el mismo contraste que hay entre la poesía de los pesimistas alemanes y el Orfeo de Ferney. Si hay que buscarle un rival más justo, habría que acudir a Quevedo o Leopardi.

¿Debería sorprendernos esto? No, pues los franceses –permítaseme esta generalización, no sé si compartida– siempre han sido estilistas consumados. No me viene a la memoria un solo pensador galo que haya escrito mal. El puente que va de Descartes a Worms –ese puente en cuyas intersecciones están los nombres de Pascal, Guyau, Bergson, Cioran, Sartre, etcétera– está lleno de monumentos estilísticos en los que convergen armoniosamente el *scribere recte* con el *cogitare alte*. No sucede así con los filósofos alemanes. Leer a Hegel es una tortura; Schopenhauer lo sabía. La prosa de Husserl es clara, pero tan árida y monótona como un bostezo del desierto. Heidegger es mistérico, y en ocasiones tan poético como el que más, pero su constante son los periodos nudosos y rebuscados. Por supuesto, también hay grandes excepciones a esta regla dentro de la propia filosofía alemana: Schopenhauer y Nietzsche, como ejemplos paradigmáticos. De los anglosajones pienso en Hume y en Emerson como ejemplos de la más perfecta escritura; en la tradición hispanoamericana, Ortega y Paz nos enseñaron que se puede pensar en español manteniéndose a la altura de Montaigne…

Me disculpo por esas generalizaciones. Quizás estoy siendo injusto al apreciar de esa manera un tema que seguramente se resolvería de manera más pacífica recurriendo al lema *de gustibus non disputandum*. Pero si lo soy, lo hago deliberadamente a fin de acentuar que el poema de Voltaire merece apreciarse, por un lado, por la discusión que entabla con las ideas teodiceicas y, por otro lado, por sus virtudes poéticas y estilísticas. Espero de todo corazón que el lector pueda reparar en ello.

### La carta sobre la Providencia.

El texto de Rousseau es una carta fechada el 18 de agosto de 1756, es decir, algunos meses después de que fuese conocido el poema de Voltaire. Durante ese tiempo el autor del *Discurso sobre las ciencias y las artes* vivía junto a Thérèse Levasseur en el Ermitage, en los linderos del bosque de Montmorency.

La carta deja ver desde las primeras líneas la profunda y sincera admiración que Rousseau sentía por Voltaire. De hecho, en una carta anterior, fechada en 1745, el ginebrino le confesaba a su ídolo que llevaba ya quince años trabajando arduamente a fin de hacerse digno de su mirada. Tales declaraciones no parecen ser meras zalamerías, sino la expresión de un sincero afecto.

No obstante, la *Carta sobre la Providencia* también es una toma de postura propia en la que Rousseau afirmará sus ideas más caras, criticará las sugerencias que considera reprensibles y falaces en el poema voltairiano y, finalmente, ofrecerá argumentos a favor del axioma que dicta que *todo está bien*. Él le dice a Voltaire que mientras su poema lo sume en dudas que lo orillan a la desesperación, las ideas de Leibniz y de Pope lo consuelan de sus desgracias. Con base en ello, considerará de manera positiva el optimismo que el otro con tanta saña ridiculiza. Mostrará, además, que los males, incluso los físicos, son ocasionados más por el hombre que por Dios o algún presunto principio maligno de la realidad. Al ejecutar esa jugada, al recolocar la responsabilidad del mal, quitándosela a Dios y situándola en el hombre, Rousseau pone las bases que terminarán por convertir la teodicea en *antropodicea*.

Otra significativa idea que esboza Rousseau en su escrito, y que podría contraponerse a más de uno de los grandes relatos de Voltaire, es aquella en la que se explica que los filósofos no realizan buenos cálculos cuando se ponen a dictaminar cuánto bien y mal hay en el mundo. Dice el filósofo ginebrino que al enlistar toda la serie de calamidades que les viene a su mente, se olvidan de esa experiencia tan cotidiana que no se alcanza a valorar en su justa relevancia: el "dulce placer de existir". ¿Suena eso a romanticismo? Posiblemente. Pero, más importante aún, suena a una nueva forma de enfocar existencialmente el hecho del existir, pues invita a centrar nuestra atención, no tanto en consideraciones cuantitativas sobre los bienes y males del mundo, sino más bien en el *sentimiento de existencia*.

No me detendré más en anunciar las ideas que el lector encontrará claramente expuestas en la carta. En lugar de ello, y antes de terminar, quisiera decir unas palabras acerca del género mismo de la epistolografía.

Inicio señalando que adentrarse en el acervo epistolar de ciertas personas puede ser una aventura aleccionadora, ya que las cartas nos brindan la posibilidad de penetrar en un universo de mayor intimidad, allí donde el autor nos deja ver facetas suyas que en sus escritos más formales pudieran estar veladas o ausentes. Las cartas de Cicerón, por ejemplo, desdibujan la imagen gloriosa del *Pater Patriae* y nos muestran a un hombre sumido en miedos e inseguridades acerca del destino de Roma; las de Tolstói nos permiten ver a un hombre aquejado por todo tipo de debilidades humanas y de recriminaciones de conciencia.

Por otra parte, y pensando sobre todo en la esfera filosófica, el lector haría bien en recordar que hay cartas cuyo contenido es tan valioso para el estudio de un pensamiento que han terminado por convertirse en textos de los que no se puede prescindir. Así lo son, por ejemplo, las *Epistulae ad Lucilium* de Séneca, que son un *corpus* invaluable para comprender el pensamiento estoico, por no hablar de la gran elocuencia que ellas reflejan (pocas cosas hay tan hermosas como el latín sentencioso de filósofo romano). Pienso también en las llamadas "cartas del mal" de Spinoza, que sirven como un complemento valiosísimo para ahondar en su pensamiento.

A veces incluso no es ni siquiera necesario un vasto *corpus* epistolográfico, sino que basta con tener un solo texto cuyas ideas sean de algún modo significativas. Como ejemplo de ello me viene a la memoria la *Carta a Marcela* de Porfirio, que es a un tiempo una consolación y una exhortación a la filosofía, o bien la *Epístola a los romanos* de San Pablo, que por sí misma ilumina el núcleo del agustinismo y del luteranismo.

La lista podría incrementarse fácilmente. No hay necesidad de ello. Es suficiente con saber que se trata de un género versátil y que puede dar cabida a la creación de obras imperecederas.

En lo que respecta a Rousseau, su acervo epistolográfico es de enorme valor estético y doctrinal. No es gratuito que se hayan decidido publicar algunas piezas de su correspondencia bajo el nombre de *Lettres philosophiques*. Éstas no son tan obligatorias como el *Emilio*, ciertamente, pero en ellas ya se siente la mano maestra que escribió aquel libro. Son cartas muy cuidadas, muy bien meditadas, y genialmente confeccionadas con esa retórica florida y apasionada tan características del *ars* rousseauniano. Hay en ellas confesiones y consejos, dejan ver en ocasiones las desilusiones del poeta y su típica misantropía. No digo más sobre ellas, salvo esto: son dignas de ser leídas.

Me gustaría terminar esta introducción señalando ya únicamente un aspecto referente a la traducción que he realizado. Para ello, quiero volver a subrayar que los documentos que he traducido poseen un alto *valor estético*, máxime el de Voltaire. Del poema de este último no he podido conservar el encadenamiento de las rimas, ya que he privilegiado la transliteración de las ideas. Me he esforzado por ajustarme lo más posible al texto, lo que no ha sido difícil, pues es bastante transparente. Sin embargo, la omisión de las rimas la considero casi una especie de *poemicidio*, sobre todo porque los versos voltairianos poseen una musicalidad maravillosa. En el caso de Rousseau, la pérdida ha sido menor, dado que se trata de un escrito en prosa. Empero, al comparar mi versión con la del original francés me doy cuenta de que también algo de su belleza original se ha esfumado irremediablemente.

En suma, si he conseguido ganar la batalla que significa haber traducido estos textos, considero que se trata de una victoria pírrica en la que aquello que se ha perdido –la rima, la belleza, la gracia, y sabrá Dios cuántas joyas más– me deja con un trofeo de dudoso valor, no porque no haya puesto en ello todo mi esfuerzo, sino porque toda traducción implica cierta dosis de falsificación.

Así pues, y con la esperanza de quizás el lector sabrá entenderme, me limito a comunicarle lo que a mí me dijo en su tiempo una profesora cuyo nombre –no su enseñanza– he olvidado: *no hay Voltaire sin francés*. Me lo dijo con un rostro que no expresaba altanería, sino un sincero convencimiento. Hoy entiendo por qué ella estaba tan convencida de ello: efectivamente, uno no sabe a qué sabe Voltaire hasta que consigue saborear lo que hizo él con el francés. ¡Cuantimás con Rousseau, con La Fontaine, con Baudelaire…! A decir verdad, la idea es de aplicación universal, pero sobre todo uno lo resiente más con los grandes estilistas y artistas del lenguaje. Voltaire y Rousseau pertenecen a dicha estirpe. Por eso, y porque me gustaría que algún día el lector de estas traducciones que he preparado pudiera sentir la gloriosa satisfacción que yo he experimentado al leerlos en su idioma original, le transmito hoy las palabras de aquella sabia: *no hay Voltaire sin francés*.

Léase entonces esta traducción como primer acercamiento, a fin de enterarse de esa querelle en torno al optimismo que enfrentó a dos grandes del pensamiento ilustrado. Pero aspire cada lector a la verdadera *sumidad*: el invaluable don de poder algún día –y si el dios de la guadaña lo permite– prescindir de intermediarios.

FRANÇOIS-MARIE AROUET, 'VOLTAIRE'
(París, 1694 - 1778)

## Poema sobre el desastre de Lisboa,
## o examen de este axioma: *todo está bien*

*Voltaire*

Si alguna vez la cuestión del mal físico ha merecido la atención de los hombres, ha sido en esos acontecimientos funestos que nos encaminan a la contemplación de nuestra frágil naturaleza, como las pestes en general que han arrasado una cuarta parte de los hombres en el mundo conocido, o el terremoto que devoró cuatrocientas mil personas en China en el año 1699, o el de Lima y el de Callao y, por último, el de Portugal y el reino de Fez. El axioma *todo está bien* parece un poco extraño para quienes han sido los testigos de esos desastres. Todo está dispuesto, todo ordenado, sin ninguna duda, por la Providencia; no obstante, durante mucho tiempo, no ha sido muy evidente que todo esté arreglado para nuestro bienestar presente.

Cuando el ilustre Pope dio su *Ensayo sobre el hombre*,[i] en cuyos versos inmortales desarrolló los sistemas de Leibniz,[ii] de Shaftesbury[iii] y Bolingbroke,[iv] una multitud de teólogos de todas las confesiones atacó su sistema.[7] Se soliviantaban contra ese axioma nuevo de acuerdo con el cual *todo está bien*, de acuerdo con el cual *el hombre goza de la única medida de felicidad de la que su ser es susceptible*, etc. Hay siempre un sentido en el cual puede condenarse un libro y un sentido en el que puede aprobarse. Sería más razonable no poner atención más que en las útiles bellezas de una obra, y no buscarle en cambio un sentido detestable; sin embargo, es una de las imperfecciones de nuestra naturaleza el interpretar malignamente todo lo que puede ser interpretado y de querer desacreditar todo cuando ha gozado de éxito.

Se ha creído ver en esta proposición: *todo está bien*, lo contrario del fundamento de las ideas recibidas. "Si todo está bien, se dice, entonces resulta falso que la naturaleza humana esté en estado de caída. Si el orden general exige que todo sea como es, entonces la naturaleza humana no ha sido corrompida, por ende ella no tiene necesidad de un redentor. Si este mundo, tal como es, es el mejor de los mundos posibles, entonces no se puede esperar un porvenir más dichoso. Si todos los males que nos abruman son un bien general, entonces todas las naciones civilizadas han errado al buscar el origen del mal físico y del mal moral. Si un hombre comido por las bestias feroces produce el bienestar de dichas fieras y contribuye con ello al orden del mundo, si las desdichas de todos los particulares no son sino la consecuencia de ese orden general y necesario, entonces nosotros no somos más que ruedas que sirven para hacer avanzar la gran máquina; no somos a los ojos de Dios más estimables que los animales que nos devoran".

He aquí las conclusiones que se extraían del poema de Pope; y esas mismas conclusiones aumentaron todavía la celebridad y la fortuna de la obra. Pero debía enfocársele bajo otro aspecto: hacía falta considerar el respeto para la Divinidad, la resignación que se debe a sus órdenes supremas, la salud moral, la tolerancia, que son el alma de ese excelente escrito. Es esto lo que el público ha hecho; y la obra, habiendo sido traducida por hombres dignos de traducirla,[v] ha triunfado tanto más que las críticas que se volcaban sobre materias más delicadas.

Es propio de las censuras violentas acreditar las opiniones que ellas atacan. Se clama contra un libro porque logra el éxito, se le imputan errores. ¿Qué pasa luego? Los hombres rebelados contra esos clamores toman por verdades los errores mismos que los críticos habían creído percibir. La censura levanta fantasmas para combatirlos, y los lectores indignados abrazan dichos fantasmas.

Los críticos han dicho: Leibniz y Pope, enseñan el fatalismo. Y los partidarios de Leibniz y Pope han dicho: "Si Leibniz y Pope enseñan el fatalismo, entonces tienen razón y es preciso creer en esta fatalidad invencible".

Pope había dicho: *todo está bien*, en un sentido que era bastante admisible; y otros lo dicen ahora en un sentido que puede ser combatido.

El autor del *Poema sobre el desastre de Lisboa* no combate en absoluto al ilustre Pope, a quien siempre ha admirado y amado; piensa como él en casi todos los puntos: pero, afectado por las desdichas de los hombres, se alza contra el abuso que se puede hacer de ese antiguo axioma: *todo está bien*. Adopta esa triste y muy antigua verdad, reconocida por todos los hombres: que existe el mal sobre la tierra. Confiesa que la expresión todo está bien, tomada en un sentido absoluto y sin la esperanza de un porvenir, no es más que un insulto a los dolores de nuestra vida.

Si, cuando Lisboa, Mequinez, Tetuán, y tantas otras ciudades, fueron engullidas con un gran número de sus habitantes en el mes de noviembre de 1755, los filósofos hubieran gritado a los desdichados que escapaban a duras penas de las ruinas: "todo está bien; los herederos de los muertos aumentarán sus fortunas, los albañiles ganarán dinero al reconstruir las casas, los animales se nutrirán de los cadáveres enterrados bajo los escombros; es el efecto necesario de causas necesarias; su mal particular no significa nada, ustedes contribuirán al bien general"; un discurso tal ciertamente habría sido tan cruel como funesto fue el terremoto. He allí lo que dice el autor del *Poema sobre el desastre de Lisboa*.

Admite, con la tierra entera, que hay mal sobre la tierra, así como bien; reconoce que ningún filósofo ha podido jamás explicar el origen del mal moral y del mal físico; declara que Bayle,[vi] el más grande dialéctico que jamás haya escrito, no hace nada más que enseñar a dudar, y que se combate a sí mismo; admite que hay tanta precariedad en la inteligencia del hombre como miserias en su vida. Expone todos los sistemas en unas pocas palabras. Afirma que la revelación es la única que puede desenredar ese gran nudo que todos los filósofos han enturbiado; dice que la esperanza en un desarrollo de nuestro ser en un nuevo orden de cosas es lo único que puede consolar los males presentes, y que la bondad de la providencia es el único asilo al que el hombre puede acudir en las tinieblas de su razón y en las calamidades de su naturaleza débil y mortal.

P. S. Lamentablemente, siempre es necesario advertir que se debe saber diferenciar las objeciones que hace un autor de sus respuestas a dichas objeciones, y no confundir lo que se refuta con lo que se adopta.

¡Oh desdichados mortales! ¡Oh tierra deplorable!
¡Oh conjunto espantoso de todos los mortales!
¡Entretenimiento eterno de inútiles dolores!
¡Filósofos engañados que gritan: "todo está bien";
acudan, contemplen esas ruinas terribles,                         5
esos despojos, esos miembros, esas cenizas desdichadas,
esas mujeres, esos niños uno sobre otro apilados,
sobre esos mármoles rotos los miembros dispersos;
cien mil infortunados que la tierra devora,
que, sangrantes, desgarrados y palpitantes todavía,            10
enterrados bajo sus techos, terminan sin ayuda
en el horror de los tormentos sus lamentables días!
¿Ante los gritos truncos de sus voces expirantes,
ante el espectáculo terrible de sus cenizas humeantes,
dirán ustedes: "es el efecto de leyes eternas                    15
que de un Dios libre y bueno necesitan la elección"?
¿Dirán, mirando ese amasijo de víctimas:
"Dios se ha vengado, su muerte es el precio de sus crímenes"?
¿Qué crimen, qué falta han cometido estos niños
aplastados y sangrantes sobre el seno materno?                  20
¿Lisboa, que ya no existe, tuvo más vicios
que Londres, que Paris, anegados en disfrutes?
Lisboa se ha abismado, y se baila en París.
Tranquilos espectadores, intrépidos espíritus,
que de sus hermanos moribundos contemplan el naufragio, 25

46

investigan en paz las causas de las tempestades,
pero cuando sienten el golpe de la fortuna adversa,
se vuelven más humanos y lloran cual lloramos.
Créanme, cuando la tierra entreabre sus abismos
mi queja es inocente y mis gritos legítimos.                    30
Por doquier rodeados de la crueldad del destino,
del furor de los malvados, de las trampas de la muerte,
resistiendo los ataques de todos los elementos,
compañeros de nuestros males, permítanos nuestras quejas.
Es el orgullo, dicen ustedes, el sedicioso orgullo,            35
que pretende que, estando mal, podríamos estar mejor.
Vayan a interrogar a las riberas del Tajo,
registren entre los escombros de esa sangrante ruina,
pregúntenle a los moribundos, en este día de horror,
si acaso es el orgullo el que grita: "¡Oh cielo, auxíliame!   40
¡Oh cielo, ten piedad de la miseria humana!"
"Todo está bien, dicen ustedes, y todo es necesario".
¡Qué! El universo entero, sin ese abismo infernal,
sin engullir Lisboa, ¿hubiese estado peor?
¿Están seguros que la causa eterna                              45
que hace todo, que sabe todo, que crea todo por sí misma,
no podía arrojarnos en estos tristes climas
sin formar volcanes activos bajo nuestros pasos?
¿Limitarían así su poder supremo?
¿Le prohibirían ejercer su clemencia?                           50

¿El artista eterno no tiene en sus manos
infinitos medios disponibles para sus designios?
Humildemente deseo, sin ofender a mi Hacedor,
que ese abismo enardecido de azufre y salitre,
hubiera incendiado sus llamas en los confines del desierto.   55
Respeto a mi Dios, pero amo al universo.
Cuando el hombre osa gemir ante una catástrofe tan terrible,
¡ay!, no es en absoluto orgulloso: ¡es sensible!
¿Los tristes habitantes de esas costas desoladas,
en el horror de sus tormentos, serían consolados          60
si alguien les dijera: "Sucumban, mueran tranquilos,
que para la dicha del mundo se han destruido sus asilos;
otras manos edificarán sus palacios ya incendiados,
otros pueblos nacerán en sus muros aplastados;
el Norte se enriquecerá de sus pérdidas fatales,          65
todos sus males son un bien en las leyes generales,
Dios los ve con los mismos ojos que a las viles lombrices
cuya presa en el fondo de las tumbas habrán de ser ustedes?"
¡Ah, qué horrible lenguaje para los malaventurados!
Crueles, no agreguen ya a mis dolores el ultraje.          70
No, no presenten más a mi corazón consternado
esas inmutables leyes de la necesidad,
esa cadena de los cuerpos, de los espíritus, de los mundos.
¡Oh, sueños de los sabios! ¡Oh, profundas quimeras!
Dios tiene en su mano la cadena, mas no está él encadenado;[8] 75

por su benéfica elección todo está determinado.
Él es libre y justo, pero en absoluto implacable,
entonces ¿por qué sufrimos bajo un Dios equitativo?[9]
He aquí el fatal nudo que debería desligarse.[vii]
¿Curarán nuestros males atreviéndose a negarlos?          80
Todos los pueblos, temblando bajo una mano divina,
del mal que ustedes niegan han buscado el origen.
La ley eterna que mueve los elementos
hace caer las rocas bajo el efecto de los vientos,
los frondosos robles por el rayo arden,                    85
mas no resienten para nada el golpe que los quiebra:
pero yo vivo, siento, y mi corazón oprimido
clama socorro al Dios que lo ha formado.
Hijos del Todopoderoso, pero nacidos en la miseria,
extendemos las manos hacia nuestro común padre.           90
La vasija, bien lo sabemos, no puede decirle al alfarero:
"¿Por qué soy tan vil, tan débil y tan grosero?"
No tiene en absoluto palabra, no tiene pensamiento;
esa urna al formarse cae rota,
de la mano del alfarero no recibió un corazón             95
que deseara los bienes y sintiera su desdicha.
"Esa infelicidad, dicen ustedes, es el bien de otro ser".
Miles de insectos de mi cuerpo sangriento han de nacer.
¡Cuando la muerte encuentre la serie de males que he sufrido
mi hermoso consuelo será ser comido por gusanos!          100

Tristes calculadores de la miseria humana,
no me consuelen, pues agrian mis penas;
y no veo en ustedes más que el esfuerzo impotente
de un fiero infortunado que finge estar contento.
Yo no soy del gran todo más que una débil parte:      105
sí, pero los animales condenados a la vida,
todos los seres sintientes, nacidos bajo la misma ley,
viven en el dolor y mueren como yo.
El buitre se encarniza en su tímida presa,
de sus miembros sangrantes se alimenta con gusto;      110
todo le parece bien, pero luego, a su vez,
un águila con su pico cortante devora al buitre;
el hombre con un plomo mortal alcanza al águila altiva:
y el hombre, mordiendo el polvo sobre los campos de Marte,
sangrante, atravesado de golpes, sobre una pila de agonizantes  115
sirve de alimento terrible a las aves devorantes.
Así, del mundo entero todos los miembros gimen;
nacidos todos para los tormentos, el uno por el otro perece:
¡y en este caos fatal ustedes compondrán
de las desdichas de cada ser una dicha general!      120
¡Qué dicha! Oh, mortal, frágil y miserable.
Ustedes gritan: "todo está bien" con una voz lamentable,
el universo los desmiente, y su propio corazón
ha refutado cien veces el error de su espíritu.
Elementos, animales, humanos: todo está en guerra.      125

Debe aceptárselo: el *mal* está sobre la tierra:
su secreto principio se nos oculta por entero.
¿Del autor de todo bien el mal también ha venido?
¿Es del negro Tifón,[10] del bárbaro Arimán[11]
la ley tiránica que nos condena a sufrir?                    130
Mi espíritu no admite en nada esos monstruos odiosos
que antaño hizo sus dioses el mundo tembloroso.
¿Cómo concebir, empero, un Dios, la bondad misma,
que prodigó sus bienes a los hijos que ama,
y que ha derramado sobre ellos males a manos llenas?   135
¿Qué ojo es capaz de penetrar en sus profundos designios?
Del ser perfectísimo el mal no podía nacer:
pero no viene de otro,[12] porque solo Dios es señor:
no obstante, el mal existe. ¡Oh, tristes verdades!
¡Oh, asombrosa mezcla de contrariedades!                    140
¡Un Dios vino a consolar a nuestra afligida raza:
visitó la tierra y no la cambió en nada![13]
Un arrogante sofista nos dice que no ha podido;
dice otro: "lo podía, pero no lo ha querido;
lo querrá, sin duda", y mientras se razona,               145
rayos subterráneos se tragan a Lisboa
y de treinta ciudades dispersan los escombros,
desde las costas sangrientas del Tajo al mar de Cádiz.
O el hombre nació culpable y Dios castiga su estirpe,
o ese Amo absoluto del ser y del espacio,                   150

sin cólera, sin piedad, tranquilo, indiferente,
de sus primeros decretos sigue el cauce eterno.
O la materia informe, rebelde a su señor,
lleva en sí defectos tan necesarios como ella;
o bien Dios nos pone a prueba, y esta mortal morada[14]  155
no es sino una senda estrecha hacia un mundo eterno.
Nosotros padecemos aquí dolores pasajeros:
la muerte es un bien que acaba con nuestras miserias.
Pero cuando salgamos de esta estancia terrible,
¿quién pretenderá merecer ser feliz?  160
Cualquier opción que se asuma debe temerse, sin duda.
No hay nada que se conozca y nada que no se tema.
La naturaleza calla, se le interroga en vano,
se precisa de un Dios que hable al género humano.
No le compete más que a Él explicar su obra,  165
consolar al débil, iluminar al sabio.
El hombre, en la duda y en el error sin él abandonado,
busca en vano cañas que le sirvan de apoyo.
Leibniz nada me enseña acerca de qué nudos invisibles,
en el mejor ordenado de los universos posibles,  170
un desorden eterno, un caos de infelicidades,
mezclan en nuestros vanos placeres dolores reales,
ni por qué el inocente, tanto como el culpable,
sufre igualmente el mal inevitable.[viii]
No logro concebir cómo es que todo estaría bien:  175

soy, ¡ay!, como un doctor: no sé nada.
Platón dice que otrora el hombre tuvo alas,
un cuerpo impenetrable a los golpes mortales;
ni el dolor ni la muerte se le acercaban en absoluto.
¡Cuán distinto de ese estado brillante el que tiene hoy!   180
Se arrastra, sufre, muere: todo cuanto nace expira:
la naturaleza es el imperio de la destrucción.
Un frágil compuesto de nervios y osamenta
no puede ser insensible al choque de elementos:
esa mixtura de sangre, de fluidos y de polvo,                185
porque fue apelmazada, fue hecha para disolverse;
y el raudo sentir de esos nervios delicados
fue subordinado a los dolores, ministros de la muerte:
es eso lo que me enseña la voz de la naturaleza.
Me alejo de Platón, rechazo a Epicuro.                          190
Bayle sabe más que todos, voy a consultarlo:
con la balanza en la mano, Bayle enseña a dudar,[15]
asaz sabio, asaz grande como para carecer de sistema,
a todos ha destruido y lucha consigo mismo:
semejante a ese ciego expuesto a los filisteos                195
que cayó sobre los muros abatidos por sus manos.
¿Qué puede entonces del espíritu la más vasta extensión?
Nada; el libro del destino se cierra a nuestra vista.
El hombre, extranjero para sí mismo, del hombre es ignorado.
¿Qué soy yo, dónde estoy, adónde voy, de dónde he venido?[16]  200

Átomos atormentados sobre este montón de fiemo
que la muerte devora y que la fortuna juega.[ix]
Pero átomos pensantes,[x] átomos cuyos ojos,
guiados por el pensamiento, han medido el cielo;
hacia el fondo del infinito lanzamos nuestro ser          205
sin poder vernos ni conocernos un momento;
este mundo, este teatro de orgullo y de error,
está lleno de infortunados que hablan de felicidad.
Todos se lamentan, todos gimen buscando bienestar,
nadie quisiera morir, nadie quisiera renacer.[17]          210
Algunas veces, en nuestros días consagrados a los dolores,
por medio del placer enjugamos nuestras lágrimas,
pero el placer se esfuma y pasa como una sombra;
nuestros pesares, quejas y pérdidas son innumerables.
El pasado no es para nosotros sino un triste recuerdo,   215
el presente es horrendo si carece del porvenir,
si la noche fúnebre destruye al ser que piensa.
*Un día todo estará bien*, he allí nuestra esperanza.
*Todo está bien ahora*, he allí nuestra ilusión.
Los sabios me engañan y solo Dios tiene razón.           220
Humilde en mis suspiros, sumiso en mi sufrimiento,
no me soliviano en nada contra la Providencia.
Con un tono menos lúgubre se me vio antaño
cantar los dulces placeres y las leyes seductoras;[xi]
otros tiempos, otras costumbres, instruido por la vejez, 225

compartiendo la debilidad de los humanos extraviados
en una espesa noche buscando esclarecerme,
yo no sé más que sufrir sin murmurar.
Antaño, un califa en su última hora
al Dios que él adoraba dijo por plegaria:                    230
"Yo te traigo, oh único rey, único ser ilimitado,
todo lo que tú no tienes en tu inmensidad,
los defectos, los pesares, los males y la ignorancia".
Pero podría aún agregarse, la *esperanza*".[18]

JEAN-JACQUES ROUSSEAU
(Ginebra, 1712 - Ermenonville, 1778)

# CARTA SOBRE LA PROVIDENCIA

*Jean-Jacques Rousseau*

A Voltaire,
L'Hermitage, 18 de agosto de 1756.

Señor, sus dos últimos poemas me han llegado hasta el retiro de mi soledad.[xii] Y aunque todos mis amigos saben del amor que le tengo a sus escritos, ignoro de qué parte podrían haberme llegado, a no ser que de parte suya. He encontrado en ellos tanto placer como instrucción, y los he reconocido dignos de la mano del maestro; así pues, considero que debo agradecerle a un tiempo por el ejemplar y por la obra. No le diré que todo me ha gustado de igual manera, pero las cosas que me han llegado a desagradar no han hecho más que inspirarme todavía mayor confianza en las que me fascinan. No sin dolor yo prefiero defender, en algunas ocasiones, mi razón en contra de los encantos de su poesía, pero es para hacer mi admiración más digna de sus obras el que yo me esfuerce por no admirarlas a cabalidad.

Haré todavía más: le manifestaré sin ambages, no la belleza que yo creo sentir en sus dos poemas, una tarea que espantaría a mi pereza, ni tampoco los defectos que personas más peritas que yo quizás señalarían, sino los disgustos que enturbian en este instante la afición que le tengo a sus lecciones; y se los diré todavía enternecido por una primera lectura en la que mi corazón escuchaba ávidamente al suyo, amándolo como a mi hermano, honrándolo como mi maestro, en fin, lisonjeándome de que usted encontrara en mis intenciones la franqueza de un alma recta, y en mis discursos el tono de un amigo de la verdad que se dispone a hablarle a un filósofo. Por lo demás, cuanto más me gusta su segundo poema, más me declaro libremente partidario de ir en contra del primero, pues, si usted no tiene miedo de contraponerse consigo mismo, ¿por qué temería yo ser de su mismo parecer?

Todas mis quejas van, pues, contra el *Poema sobre el desastre de Lisboa*, porque esperaba conclusiones más dignas de la humanidad que parece haberlo inspirado. Le reprocha a Pope y a Leibniz por insultar nuestros males, por sostener que todo está bien, y usted mismo amplifica de tal modo el repertorio de nuestras miserias que termina agravando el malestar: en lugar de las consolaciones que esperaba, usted no hace sino afligirme. Se diría que teme que yo no sea capaz de ver lo bastante desdichado que soy y, por lo que parece, piensa tranquilizarme mucho probándome que todo está mal.

Señor, no se equivoque en todo esto, porque sucede todo lo contrario a lo que se propone. Este optimismo, que considera tan cruel, me consuela de los mismos dolores que usted me presenta como insoportables. El poema de Pope edulcora mis males y me anima a la paciencia, el suyo recrudece mis penas, me incita a la murmuración, y quitándome todo, salvo una desconcertada esperanza, me conduce a la desesperación. En esta extraña oposición que reina entre lo que aprueba usted y lo que apruebo yo, mitigue la perplejidad que me aflige y dígame quién se engaña: el sentimiento o la razón.

Pope y Leibniz me dicen: "Hombre, conserva la paciencia, pues tus males son un efecto necesario de tu naturaleza y de la constitución del universo. El Ser eterno y bienhechor que lo gobierna quiso protegerte: de todas las economías posibles, escogió aquella que reunía el menor mal con el mayor bien, o para decirlo todavía más rotundamente si es preciso, si no lo hizo mejor, es porque no podía hacerse mejor".

¿Qué me dice ahora el poema suyo? "Sufre para siempre, desdichado. Si hay un Dios que te creó, sin duda es omnipotente y podía prevenir todos tus males: mas no esperes jamás que finalicen, ya que no podría saberse por qué existes, si no es para sufrir y morir". Ignoro si una doctrina semejante pueda ser más consoladora que el optimismo y que la fatalidad misma. Por lo que respecta a mí, confieso que me parece todavía más cruel que el maniqueísmo. Si el embrollo del origen del mal lo obligaban a alterar alguna de las perfecciones de Dios, ¿por qué justificar su poder a expensas de su bondad? Si se debe escoger entre dos errores, prefiero entonces el primero.

Usted no quiere, señor, que su obra sea vista como un poema en contra de la Providencia, y me guardaré bastante de darle ese título, aunque haya calificado como un libro contra el género humano el escrito donde yo defendía la causa de la humanidad contra sí misma.[xiii] Conozco la distinción que es menester realizar entre las intenciones de un autor y las consecuencias que pueden extraerse de su doctrina. La justa defensa de mí mismo me obliga solamente a hacerle notar que, al retratar las miserias humanas, mi propósito era excusable, a la vez que plausible, en razón de lo que creo, porque les mostraba a los hombres cómo ellos mismos producían sus propias desgracias y, por consiguiente, cómo podían evitarlas.

No veo que se pueda buscar la fuente del mal moral en ninguna otra parte más que en el hombre libre, perfeccionado y, por tanto, corrompido.[xiv] En cuanto a los males físicos, si es una contradicción, como me lo parece, considerar a la materia sensible e impasible al mismo tiempo, entonces son inevitables en todo sistema del que el hombre forme parte, y por lo tanto la cuestión no sería en absoluto por qué el hombre no es plenamente feliz, sino por qué existe. Además, creo haber mostrado que, salvo la muerte, la cual apenas si es un mal a causa de los preparativos que la preceden, la mayor parte de nuestros males físicos son también obra nuestra. Sin abandonar el tema acerca de Lisboa, convenga, por ejemplo, en que la naturaleza no había en absoluto reunido allí las veinte mil casas de seis a siete pisos, y que si los habitantes de esa gran ciudad se hubieran esparcido más equilibradamente, y establecido más proporcionalmente, el daño hubiera sido menor, y tal vez hasta nulo. Todo hubiera acaecido en el primer temblor, y se les hubiera visto al día siguiente a veinte leguas de allí, tan felices como si nada hubiera sucedido. Pero tuvieron que quedarse, obstinarse alrededor de sus viviendas, y exponerse a nuevas sacudidas, porque lo que se deja vale más que lo que se puede llevar. ¿Cuántos infelices perecieron en ese desastre, para querer conservar, uno sus ropas, otro sus papeles, otro su dinero? ¿Acaso no se sabe que la persona de cada hombre pasó a ser la menor parte de sí mismo, y que no vale la pena salvarla cuando todo el resto se ha perdido?

Usted habría querido –¡y quién no lo hubiera querido!– que el temblor se hubiera dado en el confín de un desierto más bien que en Lisboa. ¿Se puede dudar que no se formen también en los desiertos? Pero no hablamos en absoluto de eso, porque ellos no causan ningún mal a los señores de las ciudades, los únicos hombres a los que tomamos en cuenta; dañan incluso poco a los animales y a los salvajes que habitan, esparcidos, esos lugares apartados, y que no temen, ni la caída de los techos, ni el desplome de las casas. Pero, ¿qué significa un privilegio parecido? ¿Querrá esto decir que el orden del mundo debe cambiar con arreglo a nuestros caprichos, que la naturaleza debe ser sumisa ante nuestras leyes y que, para prohibir un temblor de tierra en cualquier lugar, nosotros no tenemos más que hacer que edificar una villa allí?

Frecuentemente, hay eventos que nos sorprenden más o menos, según las perspectivas desde las que les considere, y que pierden mucho del horror que inspiran en la primera impresión, cuando se los examina más de cerca. He aprendido en *Zadig*,[xv] y la naturaleza me lo confirma día con día, que una muerte prematura no es siempre un mal real, y que algunas veces ella puede considerarse incluso como un bien relativo. De tantos hombres arrasados por las ruinas de esa desdichada ciudad, muchos, sin duda, han evitado males peores, y a pesar de lo que tal descripción tiene de conmovedor y agrega a la poesía, no es seguro que uno solo de esos infortunados haya sufrido más que si hubiese aguardado, con largas angustias, la muerte que le sobrevendría, tal como sucede según el curso ordinario de las cosas, ¿Hay un final más triste que el de un moribundo al que le abruman preocupaciones inútiles, al que un notario y sus herederos no dejan respirar, al que los médicos asesinan en su cama a su capricho, y al que los bárbaros sacerdotes le hacen saborear la muerte haciendo gala de su arte? Por lo que respecta a mí, veo dondequiera que los males a los que la naturaleza nos sujeta son mucho menos crueles que aquellos que nosotros gustamos de añadirle.

No obstante, por más ingeniosos que hayamos podido ser para fomentar nuestras miserias a fuerza de bellas instituciones, no hemos podido hasta el día de hoy perfeccionarnos al punto de hacernos la vida una carga, y de preferir el no-ser al ser, sin lo cual el desánimo y la desesperación se hubieran apoderado pronto de un gran número, y el género humano no hubiera podido subsistir durante mucho tiempo. Ahora bien, si para nosotros es mejor ser que no ser, esto sería suficiente para justificar nuestra existencia; cuando menos no tendríamos que esperar indemnización alguna de los males que debemos de sufrir, aunque esos males fueran tan grandes como usted los describe. Pero es difícil encontrar, respecto de este tema, buena fe entre la gente y buenos cálculos entre los filósofos, porque éstos, al cotejar los bienes con males, olvidan siempre el dulce placer de existir, independientemente de cualquier otra sensación, mientras que la vanidad de despreciar la muerte compromete a otros a calumniar la vida, un poco como esas mujeres que, ante un vestido manchado y unas tijeras, prefieren antes uno con agujeros que con manchas.

Piensa, con Erasmo,[xvi] que pocas personas querrían renacer en las mismas condiciones en las que han vivido; pero quien valora su mercancía demasiado se ve orillado a rebajarla mucho si tiene alguna esperanza de pactar un negocio. Por otra parte, señor, ¿sabe a quién pienso yo que usted ha consultado sobre esto? Posiblemente, a los ricos: cautivados por falsos placeres, pero ignorando los verdaderos; hastiados siempre de la vida, y siempre temblando por poder perderla; o tal vez al hombre de letras, el más sedentario de todos los tipos humanos, el más malsano, el más reflexivo y por consecuencia el más infeliz. ¿Quiere hallar hombres de mejor composición, o por lo menos comúnmente más sinceros, y que, formando la mayoría, al menos por ello deben ser escuchados con preferencia? Consulte a un burgués honesto que haya pasado una vida gris y tranquila, sin proyectos y sin ambiciones; a un buen artesano, que viva cómodamente de su oficio; incluso a un campesino, no de Francia, donde se pretende que se les debe hacer morir de miseria, con el fin de que lo hagan vivir, sino del país, por ejemplo, donde usted reside, y generalmente de cualquier país libre. Me atrevo a considerar, de hecho, que tal vez no haya en todo el alto Valais un solo montañés descontento con su vida casi autómata,[xvii] y que no acepte, de buen grado, incluso en lugar del Paraíso, la posibilidad de renacer sin cesar, para vegetar así perpetuamente. Esas diferencias me hacen creer que es frecuentemente el abuso que nosotros hacemos de la vida la que nos la vuelve una carga, y tengo una menos favorable opinión de quienes están enfadados por haber vivido, que de aquel que puede decir con Catón: *nec me vixisse paenitet, quoniam ita vixi, ut frustra me natum non existimem.*[xviii] Esto no impide que el sabio pueda alguna vez retirarse voluntariamente sin murmurar y sin desesperar, cuando la naturaleza o la fortuna lo llevan claramente a asumir la orden de la muerte; sin embargo, según el orden ordinario de las cosas, a pesar de que hay algunos males propagados en la vida humana, considerada globalmente no se trata de un mal regalo; y si no siempre es un mal el morir, lo es muy raramente el vivir.

Nuestras diferentes maneras de pensar sobre todos estos temas me enseñan por qué muchas de sus pruebas son poco concluyentes para mí. Pues no ignoro cómo la razón humana adopta más fácilmente el molde de nuestras opiniones que el de la verdad, y que entre dos hombres de contrario parecer, lo que uno cree demostrado, frecuentemente no es más que un sofisma para el otro. Cuando ataca, por ejemplo, la cadena de los seres tan bien descrita por Pope, usted dice que no es verdad que, si se quitara un átomo del mundo, éste no podría subsistir. Cita aquí al señor Crousaz,[xix] luego agrega que la naturaleza no está sometida a ninguna medida ni forma precisas, que ningún planeta se mueve en una curva absolutamente regular, que ningún ser conocido tiene una figura precisamente matemática, que ninguna cantidad precisa es requerida para ninguna operación, que la naturaleza no actúa jamás rigurosamente, y que así no se tiene ninguna razón para asegurar que un átomo de menos en la tierra sería la causa de la destrucción de esa misma tierra. Yo le confieso sobre todo esto, señor, que estoy más sorprendido de la aserción que del razonamiento, y que en esta ocasión cedería con más aquiescencia a su autoridad que a sus pruebas. Con respecto al señor Crousaz, yo no he leído en absoluto su escrito contra Pope y no estoy quizás en situación para entenderlo, pero lo que es muy cierto es que no le concedería lo que a usted le he disputado, teniendo tan poca fe en su autoridad como en sus pruebas. Lejos de creer que la naturaleza no está en absoluto sometida a la precisión de cantidades y de figuras, creería más bien que solo sigue con rigor dicha precisión, porque solo ella sabe compaginar exactamente los fines y los medios, y nivelar la fuerza con la resistencia. En cuanto esas pretendidas irregularidades, ¿se puede dudar que no tengan su causa física y que basta no percibirla para negar su existencia? Esas aparentes irregularidades vienen sin duda de algunas leyes que ignoramos y que la naturaleza sigue tan fielmente como las que nos son conocidas; acaso proceden de algún agente que nosotros no percibimos y cuyo obstáculo o concurso tiene sus medidas fijas en todas sus operaciones. De otro modo faltaría decir claramente que hay acciones sin principio y efectos sin causa, algo que repugna a toda filosofía.

Supongamos dos pesos en equilibrio, pero desiguales; que se añada al más pequeño la cantidad que los diferencia: o los dos pesos permanecerán aún en equilibrio, y habrá una causa sin efecto, o el equilibrio se romperá, y habrá un efecto sin causa. Pero si los pesos fueran de hierro y bajo uno de ello hubiese un gramo de imán oculto, la precisión de la naturaleza le quitaría entonces la apariencia de su misma precisión, y a fuerza de exactitud parecería carecer de ella. No hay una sola figura, una operación, una ley en el mundo físico, a la cual no se le pueda aplicar algún ejemplo similar a éste que acabo de proponer acerca del peso.

Usted dice que ningún ser conocido posee una figura precisamente matemática; le pregunto, señor, si hay alguna figura posible que no la tenga, y si aún la curva más bizarra no es tan regular a los ojos de la naturaleza como lo es un círculo perfecto para nosotros. Por lo demás, imagino que si algún cuerpo pudiera tener esa regularidad no sería sino el universo mismo, suponiéndolo pleno y limitado, pues las figuras matemáticas no son más que abstracciones, no tienen relación más que con ellas mismas; en cambio, todas las figuras de los cuerpos naturales están vinculadas con otros cuerpos y con los movimientos que las modifican. Así pues, aunque esto no probara jamás nada contra la precisión de la naturaleza, por lo menos estaríamos de acuerdo respecto a lo que entiende por la palabra *precisión*.

Distingue los eventos que tienen efectos de aquellos que no lo tienen en absoluto: dudo de que esta distinción sea sólida. Todo evento me parece tener necesariamente algún efecto moral o físico, o un compuesto de ambos, aunque no lo parezca siempre, ya que la filiación de los eventos es todavía más difícil de rastrear que la de los hombres. En general, como no se deben buscar efectos que sean más considerables que los eventos que los producen, la pequeñez de las causas frecuentemente vuelve su examen algo ridículo, aunque los efectos sean ciertos y, con frecuencia, suceda también que muchos efectos casi imperceptibles se reúnan para producir un evento considerable. Añádase que tal efecto no deja de tener lugar aunque se realice fuera del cuerpo que lo produjo. De este modo, el polvo que levanta un carruaje puede no afectar nada la marcha del vehículo y, en cambio, influir sobre la del mundo; pero como no hay nada extraño en el universo, todo lo que se realiza en él actúa necesariamente sobre el universo mismo.

Así pues, señor, sus ejemplos me parecen ingeniosos, pero no convincentes. Yo veo mil razones plausibles acerca de por qué posiblemente no sería indiferente para Europa que un cierto día la heredera de Borgoña estuviese bien o mal peinada; ni para el destino de Roma que César girara sus ojos a derecha o a izquierda y escupiese a uno u otro lado, mientras iba al Senado el día en que fue asesinado. En una palabra, y trayendo a mi memoria el ejemplo del grano de arena citado por Pascal,[xx] yo también soy en algún sentido del mismo parecer que su Bramin:[xxi] de cualquier modo en que se miren las cosas, si bien todos los eventos no tienen efectos perceptibles, me parece incontestable que sí tienen en cambio efectos reales, cuyo hilo el espíritu humano desapercibe fácilmente, pero no por ello son jamás confundidos por la naturaleza.

Declara que está demostrado que los cuerpos celestes hacen sus revoluciones en un espacio no resistente. Sin duda, sería una cosa muy bella demostrarlo, pero, según la costumbre de los ignorantes, tengo poca fe en las demostraciones que superan mi alcance. Imaginaré que, para establecer esto, se hubiera razonado poco más o menos de la siguiente manera:

Tal fuerza moviéndose de acuerdo con tal ley debe dar a los astros un movimiento en el medio no resistente; ahora bien, los astros tienen exactamente un movimiento calculado, por ende no hay en absoluto resistencia. Pero ¿quién puede saber si no hay, quizás, un millón de otras leyes posibles, sin contar la verdadera, según las cuales los mismos movimientos se explicarían incluso mejor en un fluido que en el vacío? ¿El horror al vacío no ha explicado, durante mucho tiempo, la mayor parte de los efectos que se han atribuido después a la acción del aire? Después otras experiencias han venido a destruir el horror al vacío, ¿no se ha encontrado entonces todo pleno? ¿No se ha restablecido el vacío en los nuevos cálculos? ¿Quién nos asegurará que un sistema aún más exacto no lo destruirá de nuevo? Dejemos las innúmeras dificultades que un físico haría acerca de la naturaleza de la luz y los espacios iluminados, pero ¿cree usted, de buena fe, que Bayle, en quien yo admiro tanto como usted la sabiduría y la moderación en materia de opiniones, hubiera hallado la suya tan demostrable? En general, los escépticos olvidan pronto que ellos adoptan el tono dogmático y que deberían emplear más sobriamente que ninguno el término *demostrar*. ¿Es el medio de ser creído, cuando uno presume de no saber nada, el afirmar tantas cosas?

Por lo demás, usted ha hecho un correctivo bastante justo al sistema de Pope, observando que no hay ninguna gradación proporcional entre las criaturas y el Creador, y que si la cadena de seres creados conduce a Dios, es porque él la sostiene y no porque la termina.

Sobre el bien del todo, preferible al de la parte, usted hace decir al hombre: "Debo ser tan querido por mi señor, yo, ser pensante y sintiente, tal como los planetas, que probablemente no sienten nada". Sin duda alguna este universo material no debe serle más querido a su autor que un solo ser pensante y sintiente, sino que el sistema de este universo que produce, preserva y perpetúa a todos los seres pensantes y sintientes debe serle más caro que uno solo de esos seres. Por ello, a pesar de su bondad, o más bien por su bondad misma, puede sacrificar algo de la felicidad de los individuos para la conservación del todo. Creo y espero valer más a los ojos de Dios que la tierra de un planeta, aún si los planetas están habitados, como es probable, pero ¿por qué valdría más yo más a sus ojos que todos los habitantes de Saturno?[xxii] Por mucho que se quieran ridiculizar estas ideas, es indudable que todo son analogías a la hora de referirse a esa población, y que no hay nada que esté en contra de ello salvo el orgullo humano. Ahora bien, suponiendo la existencia de dicha población, la conservación del universo parece tener, para Dios mismo, una moralidad que se multiplica por el número de mundos habitados.

Que el cadáver de un hombre alimente a los gusanos, a los lobos o a las plantas, no es, lo confieso, un paliativo para la muerte de ese hombre; pero si en el sistema de este universo, es necesario para la conservación del género humano que haya una circulación de substancias entre los hombres, los animales y los vegetales, entonces el mal particular de un individuo contribuye al bien general. Muero, soy comido por los gusanos, pero mis hermanos y mis hijos vivirán como he vivido, y así hago, según el orden de la naturaleza, y para todos los hombres, lo mismo que hicieron voluntariamente Codro, Curcio, Leónidas, los Decios, los Filenos y otros miles para una pequeña porción de hombres.[xxiii]

Para regresar, señor, al sistema que usted ataca, creo que no se le puede examinar convenientemente sin distinguir con cuidado el mal particular –al cual ningún filósofo jamás le ha negado la existencia– del mal general que niega el optimismo. No se trata de saber si cada uno de nosotros sufre o no, sino de saber si era bueno que el universo existiese y si nuestros males son inevitables en su constitución. Así pues, según parece, la adición de un artículo volverá la proposición más exacta; en lugar de *todo está bien*, valdría quizás mejor decir: todo está bien, o *todo está bien en relación al todo*. Luego es bastante evidente que ningún hombre sabría dar pruebas a favor o en contra, ya que esas pruebas dependen de un conocimiento perfecto de la constitución del mundo y del fin de su autor, y dicho conocimiento sobrepasa incontestablemente la inteligencia humana. Los verdaderos principios del optimismo no pueden extraerse ni de las propiedades de la materia ni de la mecánica del universo, sino solamente por inducción a partir de las perfecciones del Dios que preside todo, de suerte que no se prueba la existencia de Dios por el sistema de Pope, sino el sistema de Pope por la existencia de Dios, y resulta indudable que de la cuestión de la providencia se deriva la del origen del mal. Si estas dos cuestiones no han sido mejor tratadas, una que otra, es porque se ha razonado siempre mal acerca de la providencia, y lo absurdo que se ha dicho sobre ello ha embrollado mucho todas las tesis que se podían extraer de ese gran y consolador dogma.

Los primeros que han viciado la causa de Dios son los padres y los devotos, que no soportan que nada se haga según el orden establecido, sino que hacen siempre intervenir la justicia divina en los acontecimientos puramente naturales, y para estar seguros de su hecho, castigan y corrigen a los malvados, probando y recompensando a los buenos indiferentemente con bienes o con males, según el acontecimiento. Por lo que respecta a mí, ignoro si es una buena teología, pero encuentro que es una mala manera de razonar, el fundar indiferentemente sobre el pro y el contra las pruebas de la providencia, y de atribuirle sin discreción todo lo que se haría igualmente sin ella.

Por su parte, los filósofos no me parecen a menudo más razonables, cuando los veo lamentarse al Cielo por no ser impasibles, deplorar que todo está perdido cuando les duelen los dientes, o que son pobres, que se les roba. Le cargan a Dios, como dice Séneca, el cuidado de su equipaje.[xxiv] Si algún accidente trágico hubiera hecho morir a Cartouche[xxv] o a César en su infancia, se habría dicho: ¿qué crimen habían cometido ellos? Pero esos dos bandidos han vivido, y por eso decimos: ¿por qué haberlos dejado vivir? Al contrario, un devoto dirá, en el primer caso: Dios quiso castigar al padre quitándole a su hijo; en el segundo: Dios conservaba a su hijo para castigar al pueblo. Así pues, cualquier partido que haya tomado la naturaleza, la providencia siempre tiene razón entre los devotos, y siempre es un sinsentido entre los filósofos. Tal vez, en el orden de los asuntos humanos no hay ni culpa ni razón, dado que todo tiende a la ley común y no hay excepción para ninguno. Ha de creerse que los eventos particulares no son aquí abajo nada para los ojos del amo del universo, que su providencia es solamente universal, que se contenta con conservar los géneros y las especies, y con presidir en todo sin inquietarse por la manera en la que cada individuo pasa su corta vida. Un rey sabio que quiere que cada uno vida feliz en su estado, ¿tiene necesidad de informarse sobre si las tabernas allí son buenas? El peregrino que pasa por allí murmura una noche si son malas, y ríe todos los demás días con una impaciencia tan fuera de lugar. *Commorandi enim natura deversorium nobis non habitandi dedit.*[xxvi]

Para justipreciar este punto, parece que las cosas deberían ser consideradas relativamente en el orden físico, y absolutamente en el orden moral, de suerte que la más grande idea que yo pueda hacerme de la providencia sea que cada ser material está dispuesto lo mejor posible en relación con el todo, y que cada ser inteligente y sensible esté lo mejor posible en relación consigo mismo; lo cual significa, en otros términos, que para quien siente su existencia, debe valer más el ser que el no-ser. Sin embargo, debe aplicarse esta regla a la duración total de cada ser sensible, y no a algunos instantes particulares de su duración, tal como la vida humana; lo que muestra cómo la cuestión de la providencia se encamina a la de la inmortalidad del alma, en la cual tengo la dicha de creer, sin ignorar que la razón puede dudar, y a la de la eternidad de las penas que ni usted ni yo, ni ningún hombre bien pensante de Dios, creerá jamás.

Si remonto estas cuestiones diversas a su principio común, es porque me parece que todas ellas se relacionan con la de la existencia de Dios. Si Dios existe, es perfecto; si es perfecto, es sabio, poderoso y justo; si es sabio y poderoso, todo está bien; si es justo y poderoso, mi alma es inmortal; si mi alma es inmortal, treinta años de vida no son nada para mí, y son quizás necesarios para el mantenimiento del universo. Si se me concede la primera proposición, jamás se conmoverán las demás; si se me niega, ¿por qué disputar sobre sus consecuencias?

No estamos ni usted ni yo en este último caso. Estoy muy lejos de poder presumir nada parecido de su parte al leer el conjunto de sus obras, pues la mayor parte de ellas me ofrecen las ideas más grandes, más dulces, y más consoladoras acerca de la Divinidad, y aprecio más a un cristiano de su índole que a uno de la Sorbona.

En cuanto a mí, le confesaré ingenuamente que ni la postura a favor ni la postura en contra sobre esta importante cuestión me parecen demostrables por la luz de la razón y, si el teísta no fundamenta su sentimiento más que en probabilidades, el ateo, menos preciso todavía, no me parece fundamentar la suya más que con base en las posibilidades contrarias. Además, las objeciones, de una parte y de la otra, son siempre insolubles, ya que gravitan en torno a cosas de las que los hombres no tienen ninguna idea verdadera. Convengo en todo esto, y no obstante creo en Dios tan fervientemente como no creo en ninguna otra verdad, dado que creer y no creer son las cosas del mundo que dependen menos de mí; creo que el estado de duda es bastante violento para mi alma; confieso que cuando mi razón naufraga, mi fe no puede permanecer durante mucho tiempo en suspenso y termina afirmándose sin ella; confieso que, en fin, mil razones preferibles me atraen al lado más consolante y añaden el peso de la esperanza al equilibrio de la razón.

Recuerdo[xxvii] que lo que me ha sorprendido más hondamente en toda mi vida, acerca del ordenamiento fortuito del universo, es el pensamiento filosófico número veintiuno,[xxviii] donde se muestra por las leyes del análisis de las suertes que, cuando la cantidad de tiros es infinita, la dificultad del evento resulta más que suficientemente compensada por la multitud de lanzamientos y que, por consiguiente, el espíritu debe estar más sorprendido por la duración hipotética del caos que por el nacimiento real del universo. A mi entender, y suponiendo el movimiento como algo necesario, esto es lo que mejor se ha dicho sobre esta disputa; en cuanto a mí, declaro que ignoro la mínima respuesta que sobre ello pueda tener el sentido común, ni verdadera ni falsa, a no ser el negar como falso lo que no se puede saber, es decir, que el movimiento es esencial a la materia. Por otra parte, desconozco que se haya explicado jamás por el materialismo la generación de los cuerpos organizados y de la perpetuidad de los gérmenes; pero existe esta diferencia entre las dos posiciones opuestas: que, si bien tanto una como otra no me parecen igualmente convincentes, solo la última me persuade. En cuanto a la primera, aunque se me informe que por un tiro fortuito de caracteres, la *Henríada* fue compuesta,[xxix] lo niego sin vacilar; es más posible que por azar se llegue a ello que a mi espíritu creerlo, y siento que hay un punto donde las imposibilidades morales equivalen para mí a una certidumbre física. Por mucho que se me hable de la eternidad del tiempo, yo no lo he recorrido en absoluto; de la infinidad de los lanzamientos, yo no los he contado para nada. Así, mi incredulidad, tan poco filosófica como se quiera, triunfará por encima de la demostración misma. No impido que esto que yo invoco bajo el signo de una *prueba del sentimiento* sea llamado prejuicio.[xxx] Tampoco ofrezco en absoluto esta obstinación de mi creencia como un modelo. Pero, con una buena fe –quizás sin parangón– la ofrezco como prueba de una invencible disposición de mi propia alma, que jamás nada podrá superar, de la que hasta ahora no tengo nada de qué quejarme y que no se puede atacar sin crueldad.

He aquí pues una verdad de la que ambos partimos, con apoyo de la cual usted advertirá cuán fácil es defender el optimismo y justificar la providencia, y no es a usted a quien se deben de repetir los razonamientos rebatidos, sino los sólidos que se han hecho a menudo sobre este asunto. En cuanto a los filósofos que no están de acuerdo con el principio, no vale la pena disputar con ellos en torno a estas temáticas, porque lo que no es más que una prueba de sentimiento para nosotros, no puede convertirse para ellos en una demostración, y no es un discurso razonable el decir a hombre alguno lo siguiente: debes creer en esto porque yo lo creo. Ellos, por su parte, no deben disputar en absoluto con nosotros sobre estas mismas materias, ya que ellas no son sino corolarios de la proposición principal que un adversario honesto apenas se atreve a oponerles, y por su parte ellos incurrirían en un error al exigir que se les demostrara el corolario independientemente de la proposición que le sirve de base. Incluso pienso que ellos no deberían hacer eso por otra razón, a saber, que hay algo de inhumanidad en atribular las almas apacibles y en desalentar a los hombres vanamente, cuando aquello que se les quiere enseñar no es ni cierto ni útil. Dicho categóricamente, pienso que, siguiendo su ejemplo, no se debería atacar muy fuertemente la superstición que aqueja a la sociedad, ni respetar bastante a la religión que la sostiene.

Al igual que usted, estoy indignado de que la fe de cada uno no exista en la más perfecta libertad y de que el hombre se atreva a controlar el interior de las conciencias, donde no debería penetrar, como si dependiera de nosotros creer o no creer en los asuntos donde la demostración no tiene ningún lugar y como si jamás se pudiera subordinar la razón a la autoridad. ¿Los reyes de este mundo tienen alguna facultad en el otro? ¿Están en el derecho de atormentar a sus súbditos aquí abajo, a fin de forzarlos a ir al Paraíso? No, todo gobierno humano se limita por naturaleza a los deberes civiles, y a despecho de lo que haya podido decir el sofista de Hobbes,[xxxi] cuando un hombre sirve bien al Estado, no debe dar cuenta a nadie del modo en el que sirve a Dios.

Ignoro si este Ser justo no castigará un día toda tiranía ejercida en su nombre. Al menos estoy bien seguro que no la compartirá y no negará la dicha eterna a ningún incrédulo virtuoso y de buena fe. ¿Acaso puedo dudar, sin ofender su bondad e incluso su justicia, que un corazón recto no cometa un error involuntario, y que costumbres irreprochables no valgan más que mil cultos bizarros prescritos por los hombres y rechazados por la razón? Diré todavía más: si yo pudiera lograr las obras a costa de mi fe y compensar a fuerza de virtud mi supuesta incredulidad, no lo dudaría un instante, y apreciaría más poder decirle a Dios: *hice, sin pensar en ti, el bien que te es grato, y mi corazón seguía tu voluntad sin conocerla*, que decirle, como habré de hacerlo un día: *¡ay!, te amaba y no cesé de ofenderte; te conocí y nada hice para agradarte*.

Confieso que hay una suerte de profesión de fe que las leyes pueden imponer, pero fuera de los principios de la moral y del derecho natural ella tiene que ser puramente negativa, porque pueden existir religiones que ataquen los fundamentos de la sociedad y es menester comenzar a exterminar esas religiones para asegurar la paz del Estado. De esos dogmas a proscribir, la intolerancia es sin ninguna duda la más odiosa, pero hay que tomarla de raíz, porque los fanáticos más sanguinarios cambian de lenguaje según la fortuna y no predican más que paciencia y dulzura cuando ellos no son ya tan fuertes. De este modo, llamo intolerante, por principio, a todo hombre que se imagina que no puede ser hombre de bien sin creer en todo lo que cree y que daña inmisericordemente a todos los que no piensan como él. En efecto, los fieles están raramente de humor para dejar en paz a los réprobos en este mundo, y un santo que cree vivir con condenados anticipa de buen grado el oficio del diablo. Si hubiese incrédulos intolerantes que quisieran forzar a la gente a no creer en nada, yo no los condenaría menos severamente que a esos otros que quisieran forzarlos a creer en todo lo que les complace.

Desearía entonces que se tuviera en cada Estado un código moral o una especie de profesión de fe civil, que contenga positivamente las máximas sociales que cada uno debería admitir, y negativamente las máximas fanáticas que cada uno estaría obligado a rechazar, no por impías, sino por sediciosas. Así, toda religión que pudiera adecuarse con el código sería admitida, mientras que toda religión que no se adecuara a él sería proscrita, y cada uno sería libre de no tener en absoluto otra que el código mismo. Me parece que esa obra, hecha con cuidado, sería la más útil que jamás se haya realizado y quizás la única necesaria a los hombres. He aquí, señor, una empresa digna de usted. Desearía apasionadamente que usted emprendiera dicha obra y la adornara incluso con su poesía, a fin de que cada uno pudiera aprenderla fácilmente, y llevarle a todos los corazones, desde la infancia, aquellos sentimientos de dulzura y de humanidad que refulgen en sus escritos y que le faltarán siempre a los devotos. Lo exhorto a meditar en torno a este proyecto, que por lo menos debe serle grato a su alma. Usted nos ha brindado en su *Poema sobre la religión natural* el catecismo del hombre: denos ahora, en esto que le propongo, el catecismo del ciudadano.[xxxii] Por lo demás, se trata de un asunto para meditar durante mucho tiempo y quizás para reservarlo a la última de sus obras, a fin de culminar, para beneficio del género humano, la más brillante carrera que jamás un hombre de letras haya conseguido.

No puedo evitar subrayar a este respecto una oposición muy singular entre usted y yo en lo concerniente al tema de esta carta. Colmado de gloria y desilusionado de las vanas grandezas, usted vive libre en el seno de la abundancia; bien seguro de la inmortalidad, usted filosofa apaciblemente sobre la naturaleza del alma, y si su cuerpo o corazón sufre, tiene a Tronchin por médico y por amigo.[xxxiii] No obstante, usted no encuentra más que mal en el mundo. En cambio, yo, hombre oscuro, pobre, solo, atormentado por un mal sin remedio, medito con placer en mi retiro y encuentro que todo está bien. ¿De dónde vienen estas contradicciones aparentes? Usted mismo lo ha explicado: usted disfruta, pero yo espero, y la esperanza lo embellece todo.

Siento tanta pena por abandonar esta aburrida carta como usted la tendrá por terminarla. Discúlpeme, gran hombre, mi celo tal vez indiscreto, pero no me explayaría con usted si yo lo estimase menos. No quiera Dios que ofenda a aquel de mis contemporáneos al que más admiro por sus talentos, y cuyos escritos hablan mejor a mi corazón, pero se trata de la causa de la providencia, de la cual lo espero todo. Luego de haber encontrado en sus lecciones consolación y coraje durante mucho tiempo, me resulta duro que usted me quite ahora eso para no ofrecerme más que una esperanza incierta y vaga, más como un paliativo actual que como una indemnización por venir. ¡No, he sufrido mucho en esta vida como para no esperar otra! Todas las sutilezas de la metafísica podrían agudizar mis dolores, pero ellas, en mí, no conmoverán en nada mi fe en la inmortalidad del alma y en una Providencia bienhechora. La siento, la pienso, la quiero y la espero, la defenderé hasta mi último suspiro, y ésta será, de todas las disputas que yo haya sostenido, la única donde mi propio interés no será olvidado.

Con el debido respeto, soy, señor, etc.

# Notas

## A la introducción

1. Cf. Frederick C. Beiser, *Weltschmerz. Pessimism in German Philosophy 1860-1900*. Oxford: Oxford University Press, 2016.

2. Cf. Henry Vyverberg *Historical Pessimism in the French Enlightenment*. Cambridge: Harvard University Press, 1958; Paul Hazard, *La pensée européenne au XVIIIᵉᵐᵉ siècle. De Montesquieu a Lessing*. Tome II. Paris: Boivin et Cie, 1949; Ricardo Hurtado Simó, *El ocaso del optimismo. De Leibniz a Hamacher. Debates tras el terremoto de Lisboa de 1755*. Madrid: Biblioteca Nueva, 2016; Mark Molesky, *This Gulf of Fire. The Great Lisbon Earthquake, or Apocalypse in the Age of Science and Reason*. New York: Vintage Books, 2016.

3. Cf. Jean-Pierre Dupuy, *Petite métaphysique des tsunamis*. Paris: Seul, 2005.

4. Emil M. Cioran, "Le livre des leurres", en *Œuvres* (Paris: Gallimard, 2019), 240.

5. Sobre dicho asunto, cf. Alicia Villar, *Voltaire-Rousseau. En torno al mal y la desdicha*. Madrid: Alianza, 1995.

6. Gustave Lanson, *Histoire de la littérature française*, (Paris: Hachette et Cie, 1895), 633.

## Notas de Voltaire a su texto

7. Es tal vez la primera vez que se dice que el sistema de Pope es el de lord Shaftesbury; no obstante, es una verdad incontestable. Toda la parte física está, y casi palabra por palabra, en la primera parte del capítulo titulado *Moralistas*, sección III, *Much is alleg'd in answer to show*, etc. "Hay bastante que responder a las quejas en relación con

los defectos de la naturaleza: ¿cómo ella ha salido tan impotente y defectuosa de las manos de un ser perfecto? Pero yo niego que sea defectuosa... Su belleza resulta de sus contrariedades y la concordia universal nace de un combate perpetuo... Es menester que cada ser sea inmolado para otros, los vegetales para los animales, los animales para la tierra...; y las leyes del poder central y de la gravitación, que le dan a los cuerpos celestes su peso y movimiento, no serán transgredidas por amor a un mezquino y frágil animal que, completamente protegido por esas mismas leyes, será pronto por ellas mismas reducido a polvo".

Esto está dicho admirablemente; y esto no impide que el ilustre doctor Clarke, en su tratado sobre la existencia de Dios, afirme que "el género humano se encuentra en un estado donde el orden natural de las cosas de este mundo está manifiestamente invertido" (página 10, tomo II, segunda edición, traducción del señor Ricotier). Esto no impide que el hombre pueda decir: "Debo serle tan querido a mi Hacedor, yo, ser pensante y sintiente, como los planetas, que probablemente no sienten nada"; esto no impide que las cosas de este mundo no puedan ser de otro modo, porque se nos enseña que el orden ha sido corrompido y que será restablecido; esto no impide que el mal físico y el mal moral no sean una cosa incomprensible para el espíritu humano; esto no impide que no se pueda revocar el *todo está bien*, respetando a Shaftesbury y a Pope, cuyo sistema ha sido primeramente atacado como sospechoso de ateísmo, y ahora es canonizado.

La parte moral del *Ensayo sobre el hombre* de Pope está también por entero en Shaftesbury, en el artículo de la investigación sobre la virtud, en el segundo volumen de *Caracteristics* (sic). Es allí donde el autor dice que el interés particular, bien entendido, crea el interés general. "Querer el bien público y el nuestro es, no solo posible, sino inseparable: *to be well affected towards the public interest and ones own, is not only consistent, but inseparable*". Es eso lo que se prueba en todo ese libro, y es la base de toda la parte moral del *Ensayo sobre el hombre* de Pope. Ahí termina.

> *That reason, passion, answer one great aim,*
> *that true self love and social be the same.*

"La razón y las pasiones responden al gran propósito de Dios. El verdadero amor propio y al amor social son el mismo".

Una moral tan bella, todavía mejor desarrollada en Pope que en Shaftesbury, ha encantado siempre al autor de los poemas *Sobre Lisboa* y *Sobre la Ley natural*. He aquí por qué él ha dicho (versos 15-18 del *Poema sobre la Ley natural*):

> *Pero Pope profundiza lo que han tratado* […]
> *y el hombre solo con él aprende a conocerse.*

Lord Shaftesbury prueba también que la perfección de la virtud se debe necesariamente a la creencia en Dios: "*And thus perfection of virtue must be owing to the belief of a God*".

Aparentemente, es con base en estas palabras que algunas personas han tratado a Shaftesbury de ateo. Si hubieran leído bien su libro, no habrían hecho ese infame reproche a la memoria de un par de Inglaterra, de un filósofo educado por el sabio Locke.

Así es como el P. Hardouin trató de ateos a Pascal, Malebranche y Arnauld; así es como el doctor Lang trató de ateo al respetable Wolf por haber elogiado la moral de los chinos; y habiéndose apoyado Wolf en el testimonio de los jesuitas misioneros en China, respondió al doctor: "¿No se sabe acaso que los jesuitas son ateos?".

Aquellos que se lamentaron por el suceso de los diablos en Loudun, tan humillante para la razón humana; aquellos que encontraron malo que un recoleto, conduciendo a Urbano Grandier al suplicio, lo golpease en el rostro con un crucifijo de hierro, fueron llamados ateos por los recoletos. Los convulsionarios escribieron que quienes se burlaban de las convulsiones eran ateos; y los molinistas han bautizado cien veces con dicho nombre a los jansenistas.

Cuando, hace más de treinta años, un conocido hombre escribió el primer texto en Francia sobre la inoculación de la viruela, un autor desconocido escribió: "Solo un ateo imbuido de locuras inglesas podría proponerle a nuestra nación hacer un mal cierto por un bien incierto".

El autor de las *Noticias eclesiásticas*, que escribe tranquilamente desde hace mucho tiempo contra las leyes y contra la razón, empleó una hoja para probar que Montesquieu era ateo, y otra hoja para probar que era deísta.

Saint-Sorlin Desmarets, conocido en su tiempo por el poema de *Clovis* y por su fanatismo, viendo pasar un día en la galería de Louvre a La Mothe-Le-Vayer, consejero de Estado y preceptor del Señor, dijo: "he aquí un hombre que carece enteramente de religión". La Mothe-La-Vayer se volteó hacia él y se dignó a decirle: "Mi amigo, tengo tanta religión que no soy de tu religión".

En general, esta ridícula y abominable demencia de acusar de ateísmo a placer a todos los que no piensan como nosotros es lo que más ha contribuido a esparcir, de cabo a rabo por Europa, ese profundo desprecio que el público tiene hoy por los libelos de controversias. (*Nota de Voltaire*, 1756)

8. La cadena universal no es, como se ha dicho, una gradación continua que liga a todos los seres. Probablemente hay una distancia

inmensa entre el hombre y el animal, entre el hombre y las substancias superiores; media un infinito entre Dios y todas las substancias. Los astros que orbitan en torno a nuestro sol no tienen
nada de esas gradaciones imperceptibles, ni en su grosor, ni en sus
distancias, ni en sus satélites.

Pope dice que el hombre no puede saber por qué las lunas de
Júpiter son menos grandes que Júpiter: se equivoca en esto. Es un
error perdonable que ha sabido escapar a su gran genio. No hay un
solo matemático que no hubiera hecho ver a lord Bolingbroke y a
Pope que si Júpiter fuera más pequeño que sus satélites, entonces
no podrían girar alrededor de él; pero no hay un solo matemático
que pueda descubrir una gradación continua en los cuerpos del sistema solar.

No es verdad que, si se quitara un átomo del mundo, el mundo no
podría ya subsistir; es esto lo que el señor Crousaz, sabio geómetra,
indicó muy bien en su libro contra Pope. Parece que tenía razón
sobre este punto, aunque en otros ha sido rotundamente refutado
por Warburton y Silhouette.

Esa cadena de acontecimientos ha sido admitida y defendida muy
ingeniosamente por el gran filósofo Leibniz; merece ser esclareci-
da. Todos los cuerpos, todos los acontecimientos, dependen de
otros cuerpos y de otros acontecimientos. Eso es verdad; pero no
todos los cuerpos son necesarios para la conservación del universo, ni todos los acontecimientos esenciales para la serie de acontecimientos. Una gota de agua o un grano de arena de más o de
menos no pueden alterar en absoluto la constitución general. La
naturaleza no está subordinada a ninguna cantidad precisa ni a
ninguna forma precisa. Ningún planeta se mueve en una órbita
absolutamente regular; ningún ser conocido tiene una figura pre-

cisamente matemática, ninguna cantidad precisa es requerida para operación alguna: la naturaleza no actúa jamás rigurosamente. Así pues, no hay ninguna razón para asegurar que un átomo de menos sobre la tierra sería la causa de la destrucción de la tierra misma.

Sucede lo mismo con los acontecimientos: cada uno de ellos tiene su causa en el que lo precede; eso es un asunto sobre lo que ningún filósofo jamás ha dudado. Si no se le hubiera hecho la cesárea a la madre de César, César no hubiera destruido la República, no habría adoptado a Octavio y éste no habría dejado el Imperio a Tiberio. Maximiliano desposó a la heredera de Borgoña y de los Países Bajos, y dicho matrimonio se convirtió en la fuente de doscientos años de guerra. Pero el que César haya escupido a derecha o a izquierda, o que la heredera de Borgoña haya arreglado su peinado de una manera o de otra, eso ciertamente no afecta en nada el sistema general.

Hay, pues, acontecimientos que tienen efectos y otros que no. Su cadena es como la de un árbol genealógico; hay en él ramas que se extinguen en la primera generación y otras que continúan la estirpe. Muchos acontecimientos quedan sin filiación. Así, en toda máquina hay efectos necesarios al movimiento, y otros efectos indiferentes que son la continuación de los primeros y que no producen nada. Las ruedas de un carruaje sirven para hacerlo marchar, y aunque ellas levanten un poco más o un poco menos de polvo no impide que el viaje se hace igualmente. Por tanto, el orden general del mundo es tal, que los eslabones de la cadena no se romperían por un poco más o un poco menos de materia en el mundo, por un poco más o un poco menos de irregularidad.

La cadena no está en una plenitud absoluta; está demostrado que los cuerpos celestes tienen sus revoluciones en un espacio no resistente. El espacio no está enteramente lleno. Por tanto, no hay una continuidad de cuerpos desde un átomo hasta la más distante de las estrellas; por ello, se pueden tener intervalos inmensos tanto entre los seres sensibles como entre los insensibles. Así pues, no se puede asegurar que el hombre esté necesariamente colocado en uno de esos eslabones ligados uno con otro en una sucesión ininterrumpida. Todo está encadenado no quiere decir otra cosa sino que todo está ordenado. Dios es la causa y el señor de ese orden. El Júpiter de Homero era esclavo del destino; pero en una filosofía más depurada Dios es el amo del destino. Véase Clarke, *Tratado de la existencia de Dios*. (*Id.*, 1756).

9. "*Sub Deo iusto nemo miser nisi mereatur*". San Agustín (*Id.* 1756).

10. Principio del mal entre los egipcios (*Id.* 1756).

11. Principio del mal entre los persas (*Id.*, 1756).

12. Es decir, de otro principio (*Id.*, 1756).

13. Un filósofo inglés ha pretendido que el mundo físico debería haber sido cambiado en su primer advenimiento, tanto como el mundo moral (*Id.*, 1756).

14. He aquí, con la opción de dos principios, todas las soluciones que se presentan al espíritu humano en esta gran dificultad; y solo la revelación puede enseñar lo que el espíritu humano no sabría comprender (*Id.*, 1756).

15. Un centenar de observaciones vertidas en el *Diccionario* de Bayle le han dado una reputación inmortal. Dejó la disputa en torno al *origen del mal* indecisa. En él todas las opiniones están expuestas; todas las razones que lo sostienen; todas razones que lo niegan, son igualmente profundizadas; es el abogado general de los filósofos, pero en absoluto ofrece conclusiones. Él es como Cicerón, quien, a menudo, en sus obras filosóficas mantiene su carácter de académi-

co indeciso, tal como lo ha subrayado el sabio y juicioso abate d'Olivet.

Considero un deber aquí el intentar aplacar a aquellos que se encarnizan desde hace algunos años con tanta violencia y vanamente contra Bayle; digo *vanamente*, porque no han hecho más que hacer que se le lea con mayor avidez. Deberían aprender de él a razonar y a ser moderados: jamás en lugar alguno el filósofo Bayle ha negado la Providencia ni la inmortalidad del alma. Se traduce a Cicerón, se le comenta, se le utiliza para la educación de los príncipes, pero ¿qué se encuentra casi en cada página de Cicerón, entre otras muchas cosas admirables? Se encuentra que "si hay una Providencia, ella es vituperable por haber dado a los hombres una inteligencia con la que sabía que se iban a engañar". *Sic vestra ista Providentia reprehendenda, quae rationem dederit iis quos scierit ea perverse et improbe usuros* (Cic. *De nat.* III, XXXI).

"Nadie jamás ha creído que la virtud venga de los dioses, y se ha tenido razón". *Virtutem autem nemo unquam Deo retulit; nimirum recte* (*Ibíd.*, XXXVI).

Si un criminal muere impune, dicen que los dioses lo castigarán en la posteridad. ¿Una villa soportaría a un legislador que condenara a los niños por los crímenes de sus abuelos? *Ferretne ulla civitas latorem istius modi legis ut condemnaretur filius aut nepos, si pater aut avus deliquisset?* (*Ibíd.*, XXXVIII)

Y lo más extraño es que Cicerón termine su libro *Sobre la naturaleza de los dioses* sin refutar tales aserciones. Sostiene en cien sitios la mortalidad del alma, en sus *Tusculanas*, después de haber sostenido su inmortalidad.

Hay todavía más; a todo el Senado él le dijo, en su defensa de Cluentio: "¿Qué mal le hizo la muerte? Negamos todas las fábulas ineptas acerca de los infiernos. ¿Qué es entonces lo que la muerte le quitó, sino el sentir de los dolores?" *Quid tandem illi mali mors attulit? Nisi forte ineptiis ac fabulis ducimur, ut existimemus illum apud inferos impiorum supplicia perferre... quae si falsa sunt, id quo omnes intelligunt, qui ei tandem aliud mors eripuit, praeter sensum doloris?* (LXI).

Finalmente, en sus cartas, donde su corazón habla, ¿acaso no dice: *si no ero, sensum omnino carebo*? "Cuando ya no exista, todo sentimiento morirá conmigo" (Cic. *Fam.* VI, III).

Jamás Bayle ha dicho algo semejante. Sin embargo, se pone a Cicerón en las manos de la juventud y se desata la indignación contra Bayle. ¿Por qué? Porque los hombres son inconsecuentes, es que son injustos (*Id.*, 1756).

16. Es evidente que el hombre no puede, por sí mismo, ser instruido en todo. El espíritu humano no adquiere ninguna noción más que por la experiencia; ninguna experiencia puede enseñarnos ni lo que hubo antes de nuestra existencia, ni lo que habrá después, ni lo que anima nuestra existencia presente. ¿Cómo hemos recibido la vida? ¿Qué mecanismo la sostiene? ¿Cómo nuestro cerebro tiene ideas y memoria? ¿Cómo nuestros miembros obedecen al instante a nuestra voluntad?, etcétera. No sabemos nada. ¿Este globo es el único habitado? ¿Ha sido hecho después de otros planetas o al mismo tiempo? ¿Cada género de plantas viene, o no, de una planta primera? ¿Cada género de animales es producido, o no, por una pareja primera de animales? Los grandes filósofos no saben más sobre estos asuntos que lo que saben los ignorantes. Es preciso recordar este proverbio popular: "¿Qué fue primero, el huevo o la gallina?". El proverbio es simple, pero confunde a la más alta sabiduría, que no sabe nada sobre los primeros principios sin un tipo

de socorro sobrenatural. (*Id.*, 1756).-

17. Difícilmente se encuentra a una persona que quisiera recomenzar la misma carrera que ha recorrido, y repetir asimismo los mismos acontecimientos (*Id.*, 1756).

18. La mayor parte de los hombres tiene esta esperanza, antes incluso de haber recurrido al auxilio de la revelación. La esperanza de vivir después de la muerte está fundada en el amor al ser durante la vida; está fundada en la probabilidad de que lo que piensa pensará. No se tiene en absoluto demostración, porque una cosa demostrada es una cosa cuyo contrario es una contradicción, y porque jamás se han tenido disputas por las verdades demostradas. Lucrecio, para destruir esta esperanza, aporta, en su tercer libro, argumentos cuya fuerza aflige; pero él no hace sino oponer verosimilitudes a verosimilitudes aún más fuertes. Muchos romanos pensaban como Lucrecio, y se cantaba en el teatro de Roma: *post mortem nihil est*, "nada hay después de la muerte". Pero el instinto, la razón, la necesidad de ser consolado, el bien de la sociedad, prevalecieron, y los hombres han tenido siempre la esperanza en una vida por venir; esperanza, es verdad, acompañada frecuentemente de duda. La revelación destruye la duda, y pone la certidumbre en su lugar. (*Id.*, 1756).

Es espantoso ver aún disputar todos los días acerca de la revelación; ver a la sociedad cristiana insociable, dividida en cien sectas sobre la revelación; calumniarse, perseguirse, destruirse por la revelación; incurrir en "San Bartolomé" por la revelación; asesinar a Enrique III y a Enrique IV por la revelación; cortarle la cabeza al rey Carlos I por la revelación; arrastrar a un rey de Polonia completamente ensangrentado por la revelación. ¡Dios, revélanos lo que se necesita para ser humano y tolerante! (*Id.*, 1771).

i. Alexander Pope (1688-1744), poeta inglés, autor de obras notables, entre las cuales cabe mencionar *Essay on Criticism* (1711), *Rape of the Lock* (1712), *The Dunciad* (1728) y *An Essay on Man* (1733-1734), entre otras. Esta última obra es la que lo situará como personaje axial en el *affaire* optimismo-pesimismo. Entre muchas otras ideas, allí se expresa el famoso verso "*one truth is clear, whatever is, is right*", al que alude Voltaire con la expresión "*tout est bien*" y que emblematizará desde entonces la doctrina del optimismo.

ii. Gottfried Wilhelm Leibniz (1646-1716), filósofo y matemático nacido en Leipzig. Entre sus obras más significativas deben de mencionarse las siguientes: *Discours de métaphysique* (1686), *Nouveaux essais sur l'entendement humain* (1701-1704), *Essais de Théodicée sur la bonté de Dieu, la liberté de l'homme et l'origine du mal* (1710), entre otras. Creador del término –no así de la idea– *teodicea*, él desempeña un papel protagónico en la controversia dieciochesca sobre el optimismo, ya que se presenta como el defensor de la optimidad del mundo y de la idea del "mejor de los mundos posibles". En el *Cándido*, Voltaire se muestra inmisericorde al ridiculizarlo en la figura de Panglos.

iii. Anthony Ashley Cooper, conde de Shaftesbury (1671-1713), fue un intelectual inglés nacido en Londres. En 1711 compiló el grueso de sus escritos en una obra que tituló *Characteristics of Men, Manners, Opinions, Times*. Formado inicialmente en las ideas de Locke, posteriormente fue desplazándose hacia el pensamiento de los platónicos de Cambridge. Su principal interés fue la ética; de hecho, es considerado como uno de los perilustres representantes de la moral del sentimiento. Oponiéndose al "pesimismo" de Hobbes, él defendió que el hombre tiende naturalmente hacia la felicidad de sí mismo y de sus semejantes, anticipándose así a algunas ideas de los prerrománticos.

iv. Henry Saint John, vizconde de Bolingbroke (1678-1751), filósofo y político inglés que perteneció al partido *tory*. Como hombre de Estado, jugó un rol significativo en las negociaciones de la paz de Utrech (1713). Como filósofo, fue un deísta y librepensador que concordaba con las ideas anticlericales de los ilustrados. Amigo de hombres como Pope, Swift y Voltaire; fue él quien precisamente introdujo al autor de *Zadig* en el pensamiento de Locke y quien lo contactó con Pope.

v. Se alude a dos hombres: Silhouette y el abate Du Resnel.

vi. Pierre Bayle (1647-1706), filósofo francés nacido en Carla, región situada al sur de Toulouse. Educado en el protestantismo, decidió convertirse después al catolicismo, pero tan solo para volver nuevamente a su confesión de origen, lo cual le acarreó problemas con ciertas autoridades eclesiásticas que terminaron por orillarlo al exilio. Es autor de obras provocadoras y que, si bien hoy olvidadas, fueron celebérrimas durante todo el siglo XVIII: *Pensées diverses sur l'occasion de la comète* (1682) y, sobre todo, el *Dictionnaire historique et critique* (1695-1697), enormemente elogiado por los ilustrados y librepensadores. En sus escritos él da muestra de un escepticismo corrosivo que pone contra las cuerdas la certidumbre de la razón. Asimismo, realiza ingeniosos y atrevidos ataques a las ideas de espíritu teodiceico, como puede verse claramente en los artículos Maniqueos y Paulicianos de su *Dictionnaire*. Debido al carácter punzocortante de sus críticas, Leibniz, en su *Théodicée*, asume como principal adversario precisamente a Bayle, lo cual muestra hasta qué punto su pensamiento es decisivo para comprender la génesis de optimismo y del pesimismo.

vii. Este "fatal nudo" probablemente hace referencia al llamado dilema de Epicuro acerca del mal, según el cual se pueden presentar cuatro posibilidades: 1) Dios quiere eliminar el mal, pero no puede, 2) Dios puede eliminar el mal, pero no quiere, 3) no puede ni quiere quitarlo, 4) puede y quiere quitarlo. La primera posibilidad muestra a Dios *impotente*; la segunda, *no bueno* (casi *malévolo*); la tercera, impotente y no bueno; finalmente, la última, que parece ser la más intuitiva y fácil de admitir, nos deja con la pregunta: si Dios puede y quiere quitar el mal ¿entonces de dónde viene y por qué persiste el mal? Cabe decir que, si bien se atribuye ese pensamiento a Epicuro, no aparece en sus escritos, sino en la obra *De ira Dei* de Lactancio (ca. 250), un filósofo nacido en Numidia que fue apologeta del cristianismo.

viii. Aquí se presenta la que quizás sea la problemática más espinosa de toda teodicea, a saber, el sentido que tiene el sufrimiento de los inocentes.

ix. Las metáforas sobre la pequeñez y la insignificancia de los seres humanos, así como del lugar ínfimo que ocupan en el universo, son un tema recurrente del autor. Quizás no hay mejor ejemplo al respecto que su cuento *Micromégas* (1752), donde el lector podrá hallar ideas muy semejantes a las expresadas en esta parte del poema.

x. Quizás haya aquí una alusión a Pascal. Como se sabe, el autor de *Les Pensées* define al hombre como un *roseau pensant* (caña pensante). Se trata de una metáfora que junta la idea de la fragilidad humana con la de su fortaleza, representada por su capacidad de pensamiento. También Voltaire, al optar por la expresión "átomos pensantes", efectúa una idea afín a ésa.

xi. Probablemente Voltaire se refiere en este pasaje a su modo de apreciar la realidad correspondiente a los años treinta, periodo en el que compuso un poema titulado *Le Mondain* (1736). En dicha pieza, celebra con un tono excesivamente encomiástico las glorias del presente, con todos sus lujos, caprichos y placeres. El verso final –*Le paradis terrestre est où je suis*– abrevia inequívocamente la visión encantada y aplaciente de quien, en la década de los cincuenta, cambiará el tono de sus textos en un sentido más irónico y apesadumbrado.

xii. Como se muestra al comienzo de la carta, Rousseau yace en su estancia de L'Ermitage cuando le llegan los dos poemas de Voltaire a los que se hacen referencia: el *Poema sobre la ley natural* y el *Poema sobre el desastre de Lisboa*. L'Ermitage se hallaba en el bosque de Montmorency y pertenecía a Madame d'Épinay, quien se la ofreció al autor del *Émile* para que viviera allí, lo cual hizo durante algunos años en compañía de Thérèse Levasseur.

xiii. Rousseau se refiere a la carta que le envió Voltaire en agosto de 1755, donde el autor del *Cándido*, en un tono irónico y a la vez crítico, le transmite algunas palabras en relación a las ideas expuestas en el *Discours sur l'origine et les fondements de l'inégalité parmi les hommes*, donde se hace el conocido análisis rousseauniano acerca de cómo la civilización ha corrompido al hombre.

xiv. El concepto de *perfectibilité* (perfectibilidad) es un tecnicismo en el pensamiento rousseauniano. Se refiere al rasgo que distingue al hombre de los demás animales, y supone la capacidad que tiene el ser humano para mejorarse a lo largo del tiempo.

xv. Rousseau se refiere a la novela de Voltaire titulada justamente *Zadig ou la Destinée. Histoire orientale*. En el capítulo XVIII de esa narración, Zadig se encuentra con un ermitaño al que toma como guía y modelo de sabiduría. En una ocasión, el ermitaño arroja al agua a un joven y éste se ahoga. Consternado, el protagonista le pregunta por qué ha cometido ese crimen, y el ermitaño, que estaba bien versado en el "libro de los destinos", le responde que, de haber vivido, ese joven hubiera matado a su tía en un año y a Zadig mismo en dos, lo que muestra justamente aquello a lo que se refiere Rousseau, que una muerte no siempre es un mal.

xvi. Referencia a los versos del poema de Voltaire que dicen: "Todos se lamentan, todos gimen buscando bienestar, / nadie quisiera morir, nadie quisiera renacer". Erasmo de Rotterdam (1467-1536), célebre humanista y autor del famoso *Encomium moriae seu laus stultitia* (*Elogio de la locura*), es autor también de un texto titulado *El banquete religioso*, libro al que parece aludir Rousseau en este punto. En dicho texto aparece la cita del *Cato maior* o *De senectute* de Cicerón que el autor del *Émile* citará más adelante.

xvii. La región de Valais colinda, al oeste, con Francia y, al sur, con Italia.

xviii. "No me arrepiento de haber vivido, porque viví de tal modo que estimo que no nací en vano". (Cic., *Sen.* 84)

xix. Jean-Pierre de Crousaz (1663-1750), filósofo y teólogo suizo que escribió en 1737 un texto titulado *Examen de l'essai de M. Pope sur l'homme*, en el que criticó las ideas de inspiración teodiceica contenidas en el poema de Pope.

xx. Blaise Pascal (1623-1662), filósofo y matemático francés, autor de *Pensées*. En ese texto Pascal se imagina que Cromwell hubiera devastado toda la cristiandad y a la familia real de no haber sido porque se interpuso en su vida el "grano de arena" (cálculo renal) que mermó su salud y lo condujo irremediablemente a la muerte.

xxi. Nuevamente se trata de una referencia al ermitaño que aparece en el capítulo XVIII de *Zadig*, para quien nada ocurre por azar.

xxii. Era creencia común en la época considerar como probable la existencia de vida inteligente en planetas distintos a la tierra. Recuérdese, a este respecto, la imaginería que Voltaire despliega en el *Micromégas*.

xxiii. Los personajes citados por Rousseau en este pasaje pertenecen a la tradición clásica. Codro, último rey de Atenas que, después de saber que el oráculo le había prometido la victoria a los dorios si no mataban al rey, decidió disfrazarse a fin de que lo confundieran con un ciudadano común y lo mataran. Marco Curcio, según cuenta Livio, fue el hombre que, después de que se abriera una honda sima en el Foro romano, imposible de rellenar, y habiendo dictaminado el oráculo que solo se colmataría arrojando sobre ella lo más valioso de la ciudad, decidió aventarse él mismo al abismo, con la idea de que lo más valioso de Roma era la fuerza y la vida de sus ciudadanos. Leónidas, legendario rey de Esparta que estableció numerosas leyes de una disciplina memorable; asimismo defendió Grecia contra los persas en el sitio de las Termópilas. El cónsul Decio, a fin de darle una victoria a los romanos, se sacrificó entregándose en una táctica de guerra a los enemigos. Finalmente, los Filenos fueron dos hermanos cartagineses que destacaron en un conflicto entre Cartago y Cirene por motivo de sus respectivas fronteras. Se les presentó la posibilidad de escoger entre el ser enterrados vivos en el lugar que ellos pedían legítimamente como límite de su cuidad, o el ser dejados con vida pero a costa de dejar que los habitantes de Cirene decidieran los límites de sus fronteras; los Filenos escogieron ser enterrados vivos y fueron celebrados por su sacrificio.

xxiv. Rousseau alude al *De providentia* (VI, 1) de Séneca, donde el filósofo declara que Dios no hace sufrir al hombre de bien, ya que le otorga los medios necesarios para vivir con rectitud, pero que es irracional también querer achacarle el cuidado de las cosas mundanas que le competen a cada uno.

xxv. Cartouche, cuyo nombre real era Louis Dominique Garthausend, fue un famoso bandido francés del siglo XVIII. Traicionado, fue encarcelado y posteriormente ejecutado en 1721.

xxvi. "La naturaleza nos dio un asilo para detenernos en él, no para instalarnos" (Cic. Sen. 84).

xxvii. Este pasaje no está presente en las *Œuvres de M. Rousseau* editadas por Neuchâtel en 1764, pero sí está contenido en la edición de la correspondencia de Rousseau a cargo de Leigh y por los editores encargados de las *Œuvres complètes* del filósofo en la colección de la Pléiade de la editorial Gallimard, quienes la toman a su vez de las *Œuvres et correspondance inédite de J.-J. Rousseau* (1861).

xxviii. Rousseau se refiere aquí a los *Pensées philosophiques* (1746) de Diderot. El pensamiento número XXI de ese texto aborda la cuestión de las probabilidades en relación con la creación del universo. Diderot se sirve de una analogía. Sugiere que, suponiendo que un número finito de tiros vinculados con las letras del alfabeto puedan dar como resultado la *Ilíada* o la *Henriada*, entonces se sigue de allí que es necesario un número infinito de tiros aplicados a los átomos para obtener la combinación de nuestro universo. Lo asombroso no es, empero, únicamente esto, sino también la duración de tiempo en que gobierna el caos previo a la obtención del universo.

xxix. La *Henriade* es un poema épico en diez cantos publicado por Voltaire en 1723. Trata acerca del asedio de Paris de 1589 por parte de Enrique IV; además, allí tematiza temas que le serán queridos a lo largo de su vida, como las disputas civiles y el fanatismo.

xxx. *La preuve de sentiment* de la que habla Rousseau nos enseña uno de los puntos más destacados de su pensamiento, el cual consiste en otorgarle a la afectividad y a la moral una capacidad orientadora incluso en las cuestiones acerca de la verdad y falsedad de las creencias. En ese sentido, el sentimiento adquiere un papel directriz y no subordinado a la razón. Es, sin duda, una tesis que anticipa el modo de entender el mundo de los románticos.

xxxi. Thomas Hobbes (1588-1679), filósofo inglés nacido en Westport, cerca de Malmesbury, en el condado de Wiltshire, Inglaterra. Conocido por ser un pensador de corte materialista y empirista, es el afamado autor del *Leviathan* (1651), donde expone la idea según la cual el hombre es malo por naturaleza y, en consecuencia, debe establecerse entre los individuos una mutua transferencia de derechos, a fin de refrenar sus impulsos egoístas para poder dar pie al establecimiento de una convivencia social. En el capítulo XXXI de dicha obra, Hobbes dice que los atributos por los cuales se ha de venerar a Dios han de ser establecidos por el soberado y mantenidos por los individuales, lo cual va en contra de la idea que Rousseau defiende en este punto.

xxxii. El *Poème sur la Loi naturelle* (*Poema sobre la religión natural*) fue escrito algunos años antes del poema que versa sobre el terremoto de Lisboa, específicamente entre 1751-1752. Allí Voltaire ofrece su visión deísta acerca del bien y del lugar del hombre en el mundo, una visión semejante en varios puntos a la ofreció Pope en *An Essay on Man*. Se trata, en suma, de una exposición que hace hincapié en la razón natural del hombre, en la cual Voltaire cree encontrar el testimonio más fehaciente de lo divino, así como el único medio capaz de poder fundamentar una moral universal.

xxxiii. Théodore Tronchin (1709-1781), fue un célebre médico genovés que colaboró en el proyecto de la *Enciclopedia*. Estableció amistad con varias de las figuras prominentes del siglo XVIII, entre ellas Voltaire, Diderot, Madame d'Epinay, Rousseau, entre otros.

# Bibliografía

Rousseau, J.-J. *Collection complète des œuvres* de J.-J. Rousseau. Genève, 1782.

___ *Lettres philosophiques.* Édition de Jean-François Perrin. Paris: Livre de Poche, 2003.

___ *Cartas morales y otra correspondencia filosófica.* Edición de Roberto R. Aramayo. Madrid: Plaza y Valdés, 2006.

Voltaire. *Œuvres complètes de Voltaire.* Paris: Ganier, 1877.

___ *Candide.* Édition de Sylviane Léoni. Livre de Poche, 2006.

___ *Cuentos completos en prosa y verso.* Edición de Mauro Armiño. México: Siruela, Fondo de Cultura Económica, 2014.


Beiser, F. C. *Weltschmerz. Pessimism in German Philosophy 1860-1900.* Oxford: Oxford University Press, 2016.

Cioran, E. M. *Le livre des leurres.* En *Œuvres.* Paris: Gallimard, 2019.

Dupuy, J.-P. *Petite métaphysique des tsunamis.* Paris: Seuil, 2005.

Hazard, P. *La pensée européenne au XVIII^{ème} siècle. De Montesquieu a Lessing.* Tome II. Paris: Boivin et Cie, 1949.

Hurtado Simó, R. *El ocaso del optimismo. De Leibniz a Hamacher. Debates tras el terremoto de Lisboa de 1755.* Madrid: Biblioteca Nueva, 2016.

Lanson, G. *Histoire de la littérature française.* Paris: Hachette, 1895.

Molesky, M. T*his Gulf of Fire. The Great Lisbon Earthquake, or Apocalypse in the Age of Science and Reason.* New York: Vintage Books, 2016.

Villar, A. *Voltaire-Rousseau. En torno al mal y la desdicha.* Madrid: Alianza, 1995.

Vyverberg, H. *Historical Pessimism in the French Enlightenment.* Cambridge: Harvard University Press, 1958.

## Biblioteca pesimista
### serie menor

1. Eduard von Hartmann - José Carlos Ibarra Cuchillo
*Pesimismo, ética y felicidad*

2. Julius Bahnsen - Manuel Pérez Cornejo
*Breviario pesimista* (Extractos)

3. Philipp Mainländer - Sandra Baquedano
*Fragmentos pesimistas*

4. Agnes Taubert - Manuel Pérez Cornejo
*El pesimismo y sus adversarios*

5. Olga Plümacher - H. W. Gámez
*El pesimismo en el budismo y otras religiones*

6. Matias Aires - A. Grupillo y M. Silva Freitas
*Reflexiones sobre la vanidad de los hombres*

## Biblioteca pesimista
### serie mayor

1. Friedrich Dorguth
*Textos schopenhauerianos*
Edición y traducción de Jesús Carlos Hernández Moreno

2. Ulrich Horstmann
*El monstruo. Perfiles de una filosofía antropófuga*
Edición y traducción de Manuel Pérez Cornejo

www.sequitur.es